KB052826

내 아내의
사망진단서

누가 교사 서영미를 죽였는가?

내 아내의 사망진단서

초판 1쇄 인쇄 : 2023년 11월 16일
초판 1쇄 발행 : 2023년 11월 22일

지은이 : 이인호
펴낸이 : 서지만
펴낸곳 : 하이비전

주소 : 서울시 동대문구 하정로 47(신설동) 정아빌딩 203호
전화 : 02)929-9313

신고번호 : 제 305-2013-000028호
신고일 : 2013년 9월 4일
주소 : 서울시 동대문구 하정로 47(정아빌딩 203호)
전화 : 02)929-9313
홈페이지 : hvs21.com
E-mail : hivi9313@naver.com

ISBN 979-11-89169-74-9

* 값 : 12,000원

내 아내의
사망진단서

누가 교사 서영미를 죽였는가?

이인호 저

하이비전

나는 아직 당신을 보낼 수 없습니다.

예로부터 자기 아내 자랑을 하는 사람은 팔불출 취급을 했다. 나 역시 지금까지 남들 앞에서 내 아내를 자랑해 본 기억이 없다. 요즘 젊은이들은 이해할 수 없겠지만 우리 세대에게 그것은 일종의 예의이자 겸양의 미덕처럼 여겨져 왔기 때문이다.

그런데 요즘 들어 후회스러운 마음이 든다. 남들이 속으로 팔불출이라고 흉을 보더라도 그깟 예의와 겸양 따위는 진즉에 던져버렸어야 했다는 생각을 한다. 그리고 그러한 사실을 조금만 일찍 깨달았다면 얼마나 좋았을까 하고 혼자서 아쉬워하곤 한다.

서영미, 그는 두 번 세 번, 아니 열 번 백번 자랑을 해도 부족함이 없는 사람이었다. 한 가정의 아내이자 엄마로서, 학교에서는 학생들을 올바른 길로 이끄는 교사로서 그리고 동료들 사이에서는 고민을 상담해주고 힘든 일이 있으면 먼저 솔선하여 행동하는 동반자였다. 하지만 나는 바보같이 잘 몰랐다. 같은 지붕 아래서 40년 가까이 함께 살면서도 서영미라는 사람이 얼마나 훌륭한 사람인가를 알지 못했다. 그런 의미에서 팔불출은 팔불출인가보다.

그 사람이 곁을 떠난 지금에서야 비로소 조금씩 서영미라는 사람의 진면목을 알아가는 중이다. 이 책을 쓰기로 한 것도 그 때문이었다.

알면 알수록 그가 살아온 삶의 여정 앞에서 고개가 숙여지는 사람, 교사로서 오직 학생들을 위해 헌신하였고 만일 더 많은 시간이 주어졌더라면 우리 사회 어려운 사람들을 위해 후반기 생을 바치려 했던 사람이었다.

이 세상 안타깝지 않은 죽음이 어디 있겠는가. 모든 죽음은 살아있는 자에게 아쉬움과 후회를 남기기 마련이다. 하지만 어떤 죽음은 아쉬움에 더해 분노의 감정을 일으키기도 한다. 누군가의 죽음이 존중받지 못할 때, 특히 거대한 힘에 의해 한 사람의 죽음이 모욕당할 때 그 분노는 언젠가 거대한 파도가 되어 돌아오게 된다.

이 책은 인간 서영미의 생애 그리고 죽음에 관한 이야기를 담고 있다. 그리고 그의 삶과 죽음을 곁에서 지켜보면서 망자가 당한 모욕을 고스란히 함께 받아낸 바보 같은 한 남자의 이야기도 담겨있다.

나는 뒤늦게나마 아내 서영미를 위한 팔불출이 되고자 한다. 이 책은 팔불출이 추는 살풀이춤의 시작이 될 것이다. 그 끝이 어디가 될지는 나도 모른다. 다만 언젠가 아내와 재회하는 날, 나의 살풀이춤을 감상한 서영미의 얼굴에서 작은 미소를 볼 수 있기를 바랄 뿐이다.

2023년 10월 30일

서영미의 짝 이인호

머리말

교사로서의 의미 있는 선택

무안행복중학교 영어교사 서영미 선생님.

그는 열정이 넘치는 교사였다. 1986년 초임 교사로 부임한 이래 36년 동안 오직 학생들을 가르치고 지도하는 일을 천직으로 여겼던 사람이었다. 정년퇴직을 몇 해 앞둔 '원로급' 교사였지만 그는 젊은 교사 못지않은 열정과 도전 의지를 가진 사람이었다. 그의 동료들과 오랜 친구들은 그를 가리켜 세월이 지나도 안주하지 않고 지칠 줄 모르는 '참 교사'라고 평하곤 했다.

35년 이상의 경력을 가진 원로급 교사로서 본인이 원하기만 한다면 안정되고 편안한 자리를 선택할 수도 있었을 것이다. 하지만 서영미 선생은 그러하지 않았다. 새로 개교하는 학교에 개교위원으로 자원한 것만 보더라도 평소 그의 교사로서의 자세가 어떠했는지 짐작할 수 있을 것이다.

서영미 선생은 2020년 2월 재직하고 있던 무안 오룡중학교에서 같은 해 9월에 새로 개교하는 무안 행복중학교로 자원하여 겸임발령을 받았다. 누가 보아도 고생길이 훤한 선택이었다. 하지만 새로운 학교에 출근하는 그의 표정은 오히려 해맑고 기대에 넘쳤다.

나는 서영미 선생의 배우자이자 삶의 동반자로서 처음에는 고생길을 선택한 것에 대해 반대했지만 그의 해맑은 표정을 보고서 그의 선택이 학생들을 위해 교사가 할 수 있는 최선의 결정이었음을 이해할 수 있었다.

2020년 신설 행복중학교 개교를 위한 개교위원회가 구성되고 같은 해 2월부터 '업무 담당자 협의회'를 중심으로 개교를 위한 실무적인 업무가 시작되었다. 서영미 선생도 개교위원 6명 중 한 사람으로 참여하여 그해 9월 정상적으로 학교가 운영될 수 있도록 최선을 다하였다.

 새로운 학교가 만들어지는 과정이 얼마나 복잡하고 힘든 것인지는 굳이 교육관계자가 아니더라도 누구나 이해할 수 있을 것이라고 생각한다. 작은 식당이나 가게를 개업하는 데도 수개월의 준비 과정이 필요한데 학교를 새로 만드는 일은 교육계의 오랜 경험을 가진 사람들로서도 쉽지 않은 일이다. 나중에 대화를 나누면서 알게 된 것이지만 아내가 굳이 신설학교 개교위원으로 자임한 것도 그 때문이었다고 한다.

 "교사로서 퇴임하기 전에 보람 있는 일을 해야겠다고 생각했어요."

 서영미 선생이 병상에 누워 있을 때 "왜 하필 고생길을 선택했냐?"라는 내 질문에 그렇게 대답했다. 그 또한 교사로서 감내해야 할 사명이었을까? 아니 그렇게 생각하지 않는다. 지금도 나는 아내의 선택을 강하게 말리지 못한 것을 후회하고 있기 때문이다.

 서영미 선생을 비롯한 6명의 개교위원들이 업무를 시작했을 때 학교는 철근과 콘크리트 골조만 지어져 있는 상태였다고 한다. 고작 7~8개월 남은 기간 동안 교실을 구성하고 각종 교육 시스템을 마련하기 위해서는 속된 말로 '눈물 콧물 다 쏟을' 각오로 동분서주 뛰어야 했다. 한정된 예산과 제한된 시간 내에 개교를 하기 위해서 얼마나 힘겹게 일을 해야 했는지 그리고 그에 따른 정신적인 부담감이 얼마나 심했는지는 동료 선생님들이 증언한 탄원서에 상세히 나와 있다.

탄 원 서

피탄원인 이 름: 서 영 미
탄 원 인 이 름: 송 수 정
     전화번호: 010-7710-
     주 소: 목포시 남악1로

본인은 2014년 9월부터 목포 유달 중학교, 목포 옥암 중학교, 오룡 중학교를
거쳐 선생님의 마지막 학교인 남악 행복 중학교 까지 오랜 시간 선생님과
함께 근무하였습니다.
선생님께서는 제가 교직 생활 동안 함께 하였던 분들 중에서 학생들에게
가장 헌신적이고, 본인의 업무에 책임감이 크신 선생님이었습니다.
2020년 9월 개교 당시, 무안 행복 중학교는 공사가 마무리 되지
않아 선생님께서는 작은 오류와 물질에 노출된 환경에서 근무하였습니다.
제대가 선생님에서 담임을 맡으셨던 2학년 1반의 경우 학교 폭력 사건이
발생하여 사건을 수습하기 위해서 주말에도 학교에 나와 근무 하였습니다.
또한 미 배치 예정이었던 영어 원어민 교사도 선생님께서 내병으로
알아보셔서 학생들이 원어민과 함께 수업을 할 수 있도록 해 주었습니다.

2021년 7월 교사들을 대상으로 코로나 백신 접종이 시작되었을때, 선생님께서는
혹시 자신 때문에 학생들이 코로나에 걸릴까 걱정 하시면서, 누구보다도 먼저
백신 접종을 하셨습니다. 그러나 여름방학이 끝날 후 백신 접종 후에 예전과
다르게 몸이 피곤하다고 하셨습니다. 만약 선생님께서 학생들을 먼저
생각하지 않고, 백신 접종을 안 하셨다면 선생님의 건강도 급격히 나빠지지
않았을 것입니다.

이며 본인은 산월학교인 무안 행복중학교 에서의 과다한 업무 처리와 코로나
백신 접종이 서영미 선생님의 사망과 밀접한 연관이 있다고 생각됩니다.

누구보다도 강한 책임감을 가지고, 평생을 학생들 위해 헌신 하신 선생님의
순직 처리를 강력하게 요청합니다

                    2022. 9. 26
                  위 탄원인: 송 수정 Sv

서영미 선생과 같이 근무했던 송수정 선생님의 탄원서

탄 원 서

피탄원인 이 름: 서영미
탄 원 인 이 름: 박응인
　　　　전화번호: 010 - 4293 -
　　　　주　　소: 전남 완도군 노화읍

　2020년 2월에 9.1.자 무안행복중학교 개교를 위한 업무 담당자 협의회를 통해 처음 서영미 선생님을 뵀습니다. 신설 학교가 3월 1일자로 개교하여 새롭게 시작하는 상황과는 달리 28학급 규모의 대규모 학교가 9월 1일자로 개교하는 특수한 상황에서 대부분의 선생님들이 근무를 꺼려하는 환경이지만 6명의 선생님이 소명의식을 가지고 만났던 자리였습니다. 우려와 다르게 짧은 시간 협의회가 마무리 되었습니다. 학교의 건물 외에 전무한 환경이었기에 청렴상을 비롯한 모든 교과의 학습 기자재부터 모든 부서의 업무 기본 계획을 수립하는 일까지 업무량이 너무 많았음에도 불구하고 업무를 구분하지 않고 서로 도와서 함께하기로 한마음으로 뜻을 모았으니까요. 그로부터 1년간 한번도 경험하지 못했던 무수한 일들을 서영미 선생님과 함께하여 힘들었지만 보람찬 기억이 떠오릅니다.

　그렇게 힘들게 1년의 시간을 보내고 2021. 3. 1. 새로운 1학년을 맞이하고 새로 부임하는 선생님들을 대하는 느낌은 참으로 뿌듯하였습니다. 서영미선생님도 마찬가지였습니다. 그래서 선생님께서는 교육평가부장의 업무를 자처하시고 영어과 대표교사로서 후배 교사들을 이끌었습니다. 여전히 2학년과 3학년은 전학생들로만 구성되어 갈등이 끊이지 않는 상황이었지만 안정된 교육환경의 정착을 위해 누구보다 노력하고 애정을 아끼지 않았습니다. 거기에 더해 금방 끝날 것 같던 코로나 상황은 여전했기에 서영미 선생님의 고단함은 더욱 가중되었습니다. 그런에도 불구하고 개교위원이라는 책임감과 사명감으로 학교의 교육 환경 안정을 위해 본인을 혹사했던 노력이 건강을 해치는 최악의 결과를 가져왔다는 생각에 죄책감을 떨칠 수 없습니다.

서영미 선생과 같이 근무했던 박응인 선생님의 탄원서

책걸상을 비롯하여 음악, 체육, 과학, 영상 등 각종 기자재와 학습자료를 구입하기 위해 여기저기 뛰어다녀야 했고, 교실 배치, 교과일정 수립, 교구 선정, 교가, 교칙 제정 등 수많은 업무가 밀려들었다. 개교 준비를 담당하는 선생님들이 일손이 부족하다 보니 때론 아내의 부탁을 받고 내가 학교에 가서 기자재 및 교과자료 등을 옮기는 작업 등을 거든 적도 있었다. 비록 몇 차례에 지나지 않았지만 나는 아내의 일을 도우면서 그동안 막연하게만 생각했던 교사의 직업의식에 대해 다시금 생각하게 되었다.

나 역시 대학의 객원교수로 학생들을 가르친 경험이 있기에 그저 수업만 성실히 하면 교사의 직분을 다하는 것이라고 생각했는데 그게 아니었다. 특히 신설학교를 개교하는 과정에서 교사는 말 그대로 전천후의 슈퍼맨이 되어야 했다. 새로 구입한 책걸상에 직접 앉아서 학생들의 눈높이를 가름해 보고 교실 배치를 시뮬레이션 하면서 학생들의 동선에 문제가 없는지 혹시라도 안전사고가 발생할 소지는 없는지 사소한 일이라도 꼼꼼하게 살피고 계산하며 결정하는 모습을 보면서 나도 모르게 고개가 숙여지기도 했다.

그 당시 아내는 5~10kg 이상의 체중 감소를 겪을 정도로 업무에 의한 체력소모와 스트레스가 매우 심각했다. 아내와 함께 개교위원으로 참여했던 선생님들도 체력적으로 정신적으로 모두 큰 고통을 겪었음을 증언하고 있다. 그만큼 힘든 과정이었던 것이다. 하지만 육체적 고통보다도 정신적인 스트레스의 강도가 더 컸다.

퇴근 후 집에 와서도 편히 쉴 수 없을 만큼 아내는 늘 스트레스에 시달렸다. 잠을 자다가도 새벽에 벌떡 일어나서 갑자기 생각이 났다며 다음 날 해야 할 일을 다이어리에 메모하고 다시 잠을 청하기도 했으며 심지어 꿈속에서도 학교에서 벌어질 수 있는 여러 가지 사건 사고가 나타나는 바람에 수시로 악몽에 시달리곤 했다.

고단함과 스트레스의 연속이었지만 개교 준비는 차질 없이 진행되었고, 2020년 9월 1~3학년을 합쳐 총 28학급 규모의 무안 행복중학교가 드디어 개교하게 되었다.

아내는 당시의 일을 떠올릴 때마다 하나의 커다란 봉우리를 넘어선 기분이었다고 회상하곤 했다. 그러면서 없던 곳에 명실상부한 학교를 세우고 학생들을 만날 수 있게 된 것에 대해 교사로서 자부심과 긍지를 느낀다고 했다. 36년의 교사 생활을 통틀어 어쩌면 가장 힘든 업무였을 터이지만 그만큼 보람도 컸던 모양이다.

그런 아내의 모습을 보면서 나도 한 시름 걱정을 내려놓을 수 있었다. 학교가 정상적으로 개교되었으니 이젠 주어진 수업만 잘 진행하면 더 이상의 고생은 없을 줄 알았다. 개교 준비 과정에서 상할 대로 상한 건강도 회복하고 정년퇴임할 때까지 편안하게 교직 생활을 마무리할 수 있을 것으로 생각했다. 하지만 그것은 나의 짧은 단견이었다. 돌이켜 생각해 보건데, 아내 서영미 선생 자신도 이미 알고 있었을 것이다. 신규 개교 학교가 안정화 될 때까지 얼마나 많은 일들이 기다리고 있는지를.

교단일기

장례를 치르고 얼마 후 나는 학교를 찾아가 아내의 책상과 서랍에 있던 유품들을 챙겨서 돌아왔다. 유품이라고 해야 특별한 것은 없었다. 평소에 쓰던 필기구와 책상에 놓여있던 가족사진, 물컵, 거울 같은 개인용품 그리고 일정을 적어놓은 다이어리 정도가 전부였다. 그리고 또 며칠이 지난 후 아내의 동료교사 한 분으로부터 연락을 받았다. 사물함을 정리하다가 서영미 선생님이 친필로 기록한 일기장을 발견했다는 것이었다. 곧바로 학교를 찾아가 아내의 손때가 묻은 노트 한 권을 전달받았다. 그 노트는 아내가 학급 아이들을 상담하고 지도하면서 그 내용을 꼼꼼하게 기록한 '교단일기'였다.

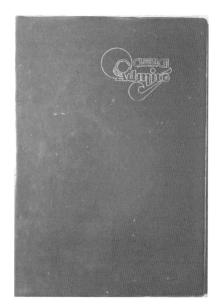

서영미 선생 학생 상담 노트

생전에 아내가 늦은 새벽까지 책상에 앉아 돋보기를 끼고 노트에 글을 쓰고 있는 모습을 종종 본 일이 있다. 그때마다 나는 관심을 보이기는커녕 아내를 향해 퉁명스럽게 잔소리를 하곤 했다.

"당신, 아침에 출근할 사람이 일찍 안 자고 이 시간에 쓸데없이 뭐하는 거야?"

아내의 손때가 묻은 교단일기를 손에 쥐고 표지를 펼치려는데 문득 그때의 기억이 떠올랐다. 내가 쓸데없다고 얘기했던 게 바로 이 교단일기였구나….

표지를 펼치자 익숙한 손글씨체가 눈에 들어왔다. 한 글자 한 글자 작고 반듯하면서도 부드러운 느낌을 주는 것이 글씨도 아내의 성격을 닮았다. 특히 이응을 쓸 때 동그라미를 큼지막하게 쓰는 버릇은 오래전 연애시절 편지를 주고받을 때와 하나도 달라지지 않았다. 그것을 바라보고 있자니 마치 아내가 나에게 말을 걸고 있는 것만 같았다. 생전에 무뚝뚝하기만 했던 남편에게 그리고 자신이 가르치는 중학생들처럼 불만과 투정이 심했던 나에게 아내는 자분자분 조용히 대화를 시도하고 있었다. 나는 아내의 글씨가 빼곡하게 적혀있는 교단일기를 펼쳐놓고 한참을 멍하니 앉아 있기만 했다.

"당신은 나이가 들수록 사춘기 중학생 같애. 나 없으면 누가 챙겨주려나."

아내의 목소리가 나의 머릿속에서 맴돌았다. 아내가 그 말을 했을 때 나는 뭐라고 대답했었던가? 한참 생각해봐도 도무지 생각이 나지 않았다. 아내의 말을 그저 흔한 잔소리쯤으로 생각하고 흘려버렸을 것이었다. 조금만이라도 진지하게 그리고 다정하게 대답해 주었더라면 좋았을 것을….

교단일기에는 그동안의 학교생활, 학생과 상담, 지도 내용이 꼼꼼하게 적혀있었다. 아내가 남긴 교단일기를 받아온 후 수시로 들춰보았지만 정작 그 내용은 눈에 들어오지 않았다. 한 글자 한 글자, 심지어 마침표 하나까지 나에겐 그 자체가 너무 소중하게 느껴지다 보니 정작 내용에는 관심을 가지지 못한 것이다. 얼마나 지났을까. 적어도 한 달은 족히 지나서야 아내가 기록한 교단일기의 내용을 자세히 보면서 어떤 일들이 있었으며, 교사로서 아내가 학생들을 어떻게 대했는지를 이해할 수 있었다.

나의 아내, 아니 무안 행복중학교 영어교사 서영미 선생은 요즘 보기 드문 참교사였다. 그가 남긴 교단일기가 이를 증명하고 있었다. 그 안에 자신이 지도하는 학생들을 위해 무엇을 했으며 어떤 고민을 했는지 고스란히 적혀있었다. 아내의 동료교사들에게 들은 바에 의하면 같은 교사라도 학생들에 대해 그토록 꼼꼼하게 기록하고 학생들 사이에 분쟁이 있을 때 객관적으로 문제를 파악하고 해결하기 위해 세심한 부분까지 살피지는 않는다고 한다. 특히 경력 35년 차의 원로급 교사가 그렇게까지 학생들과 소통하기 위해 노력하는 경우는 드물다고 한다.

'2020년 10월 9일(목) 한글날 전날' 서영미 선생의 교단일기는 담임을 맡고 있는 두 학생을 상담한 기록이 적혀져 있다.

조소영(가명)이가 고민이 있다고 상담을 요청했다.

5교시 후 Wee클래스실.

추석 전 어느 날인가 소현이가 미영(가명)이에게 J중학교 출신 애들이 전학명단을 보고 너를 '싸가지 없는 애'라고 이야기하더라. 그리고는 장난스럽게 말하다가 한 말이긴 하지만 미안한 마음이 들어 사과했고 미영이도 괜찮다고 했었다. 그리고 끝난 줄 알았는데….

추석 후 월(10/5)부터 목요일 오늘까지 미영이가 나를 왕따시킨다. 친구랑 같이 있을 때 와서 그 애랑만 이야기하고 나는 없는 사람처럼 행동해서 마음이 너무 불편했다.

참다못해 어젯밤에 미영이에게 문자로 '저번 일에 대해 내가 실제보다 과장해서 너에게 말해서 미안하고 아직도 나에게 화가 나 있으면 사과할 마음이 있다'라고 보냈다. 미영이는 전혀 아닌 것처럼 간결한 '앵?'

선생님. 미영이와 화해하게 도와주세요.

나로서는 사소하고 시시콜콜하다고 할 수 있는 사춘기 아이들끼리의 다툼이나 갈등에 대해 그렇게까지 기록을 남겨놓았다는 것이 놀라웠다.

오래전 나의 학창시절을 되돌아보아도 이런 선생님은 없었다. 그런데 나는 평생을 함께 살면서도 나의 아내 서영미라는 사람이 학생들에게 이렇게 세심한 선생님인 줄 처음 알게 된 것이다.

아내의 교단일기에는 그 이외에도 여러 가

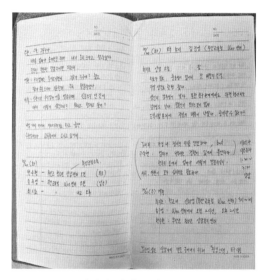

서영미 선생 교단 일기

지 내용들이 담겨 있었다. 그중에는 놀라운 사건들도 적지 않았다. 어렴풋이 이야기는 들었지만 중학생들 사이에서 성적인 괴롭힘이나 모욕을 가하는 경우도 있었고, 일명 '패드립'이라는 방식의 언어폭력으로 피해를 겪고 있는 학생들의 이야기도 있었다. 그중 여학생에 대한 성적 모욕 행위가 심각했던 남학생이 있었는데, 아내는 그 학생과의 면담 내용도 상세하게 기록해 두고 있었다. 그 내용을 세세하게 밝힐 수는 없지만 아내가 기록한 내용을 보면 가해 학생에 대해 부정적인 생각이 단 하나도 없이 진심 어린 대화를 시도한 흔적이 역력히 나타나 있었다. 그 아이가 무엇을 좋아하고 어떤 분야에 재능이 있는지 그리고 여자아이들에 대해 어떤 감정을 가지고 있으며 왜 부적절한 행동을 했는지에 대해 충분한 대화를 나누고 그에 대해 빠짐없이 정리해 두었다. 가령 미술학원을 다녀 본 적은 없으나 그림 그리기를 좋아하는데 그 학생이 그린 그림을 보니 재능이 있어 보인다고 했다. 그리고 장래 건축가가 되고 싶은 꿈이 있으며 암기과목은 싫어하지만 과학은 원리를 이해하면 쉽고 재미있어 한다는 내용도 담겨 있었다.

교단일기에 담긴 기록 하나하나 진심으로 제자들을 사랑하지 않고서는 적을 수 없는 내용들이었다. 특히 문제를 일으킨 학생과 편견 없이 진심 어린 대화를 나누고 그 학생의 입장에서 이해하기 위해 노력한 흔적들을 보면서 저절로 고개가 숙여졌다. 그리고 입 밖으로 내지는 않았지만 속으로 생각했다.

'서영미 선생님, 당신이야말로 참 훌륭한 교사였구려, 당신과 살면서도 정작 나는 그걸 몰랐소.'

아내가 남긴 교단일기 마지막에는 '소영이, 소미(가명) 미술치료 주 1회 2시간씩 2회 신청'이라고 적혀있고 그 아래로 아직 채워지지 않은 페이지가 여백으로 남아있었다. 거기까지 보고 있는데 시야가 뿌옇게 변하더니 아내가 미처 채워 넣지 못한 교단일기의 여백 위로 눈물 한

방울이 툭- 하고 떨어졌다.

평생 아내 앞에서 단 한 번도 눈물을 보이지 않았는데, 새삼 나의 눈물샘을 자극한 것이 무엇인지 알 수 없었다. 떨어진 눈물이 얼룩져 번져가는 동안 병마와 싸우던 아내의 모습이 떠올랐다.

병실에서 기말고사 시험문제를 출제하고 의사의 만류에도 학교에 나가 새로 부임한 원어민교사의 숙소와 생필품을 챙기느라 동분서주하던 아내.

당시 아내는 5차 항암주사를 맞고 골수이식을 받은 상태였다. 수업은 기간제교사가 대신하고 있었지만 시험문제만큼은 직접 출제해야 말썽이 없다며 말리는 내 손을 뿌리쳤다. 그리고 원어민교사에 대한 케어는 영어부장인 자신이 꼭 해야 한다며 고집을 부렸다.

말라버린 줄만 알았던 나의 눈물샘이 터진 게 그 때문이었을까. 지금 생각해도 그 순간의 내 감정을 잘 모르겠다. 원망인지 아쉬움인지 아니면 그리움인지….

교사 서영미

  그에게 교직이란 말 그대로 '천직'이었다. 중학교 시절 국어와 영어를 좋아하던 문학소녀 서영미 학생은 장래 희망란에 '영어교사'라고 적었다. 그리고 그 꿈은 단 한 번도 변한 적이 없었다. 평소 읽고, 쓰고, 가르치는 일이 가장 행복하게 여기던 사람이었다.

  1982년 대학입시에서 높은 점수를 얻었기에 주변에서는 서울로 유학 가서 법학과나 경영학과에 진학할 것을 권했다고 한다. 하지만 영어 선생님의 꿈을 이루기 위해서 굳이 낯선 서울까지 갈 필요는 없었다. 그해 전남대학교 사범대학 영어교육과에 입학한 이래 4년 전액 장학금을 받으며 오직 좋은 선생님이 되겠다는 일념으로 젊은 날을 보냈다.

  아내와 학창시절을 함께 했던 동창생들의 말에 의하면 아내는 천성이 교사인 사람이

서영미 선생의 대학 시절 모습

었다. 특히 자신의 전공인 영어교육을 위해 학점과 관계없는 다양한 책들을 읽고 연구했다고 한다. 아내가 대학생이던 80년대 당시만 해도 우리나라의 영어교육 수준은 형편없었다. 영어를 전공한 사람들조차 외국인을 만나면 말을 더듬거나 아예 멀찍이서 외국인을 피해 돌아가는 경우도 많았다. 문법과 독해 위주의 영어교육을 하던 때였으니 어쩌면 당연한 일이었을 것이다. 그런데 대학생 서영미는 그때부터 영어 회화의 중요성을 인식하고 스스로 회화 공부에 매진하기도 했다.

훗날, 영어교사로 재직하면서도 늘 영어 말하기 표현을 공부하고 학생들에게 어떻게 하면 쉽게 이해할 수 있도록 가르칠 것인지를 고민하던 모습이 눈에 선하다. 집에 돌아와서 TV를 시청할 때도 일반 방송이 아니라 영어방송인 '아리랑TV'를 틀어놓곤 했다. 그 때문에 TV채널을 두고 나와 말다툼을 벌이기도 했는데 지금 돌이켜보면 그 또한 영어교육을 위한 노력의 일환이었다는 생각이 든다.

"여보! 나 딱 2년만 유학을 다녀올 수 있으면 좋겠어."

2000년대로 접어들면서 외국에서 초등교육을 받고 귀국한 학생들이 크게 늘기 시작하면서 영어교사로서 아내는 원어민 수준의 영어회화 실력을 갖추어야 한다고 생각했던 모양이다. 그러려면 아무래도 2년 정도는 영어권 국가에서 생활하는 것이 필요한데, 현실은 그리 녹록하지 않았다. 나 역시 아내의 이야기를 지나가는 푸념 정도로만 생각했다. 아이들도 아직 어린 상태에서 2년 동안이나 집을 비운다는 것은 상상도 할 수 없는 일이었기 때문이다. 지금 생각하면 그 또한 미안하고 후회스럽기만 한 기억이 되고 말았다. 그때 통 크게 아내의 유학을 적극적으로 권했더라면 좋았을 것을⋯⋯. 비록 유학을 가지는 못했지만 대신 전라남도 국제교육원에서 실시하는 중등학교 영어교사 심화연수 과정인 JLP(Jeollanamdo Language Program)에 참여하였다.

JLP는 영어교사들을 대상으로 약 6개월 동안 심층적인 영어수업이 이루어지는 재교육과정으로 원어민 교수를 초빙하여 회화는 물론 프리젠테이션 발표, 토론, 연극 등 모든 교육과정을 영어로 진행하는 프로그램이었다. 아내를 통해 나중에 들은 이야기로는 JLP교육 프로그램이 개설되자 처음엔 지역의 영어교사들의 관심이 집중되어 경쟁률이 높았다고 한다. 그런데 회차를 거듭할수록 교사들의 참여가 현저히 줄어들었는데, 그 이유는 교육과정이 한마디로 매우 빡빡했기 때문이었다고 한다. 마치 학창시절로 돌아간 것처럼 수업의 강도가 높고 과제에 대한 부담도 크다 보니 교사들로서도 부담이 컸던 모양이었다. 그런데 아내는 그것을 더 좋아하였다. 교육과정 내내 최고 점수를 받은 것은 물론, 교육 후반기에 있는 뉴질랜드 현지 방문 수업에서도 최고의 점수를 받았다. 뿐만 아니라 아내는 JLP교육을 3번이나 신청할 정도로 열정이 넘치고 강한 의욕을 가진 교사였다. 대부분 JLP교육을 수료하고 나면 다시는 신청을 하지 않는데 세 번씩이나 교육을 신청한 사람은 유일했다고 한다. 한 번은 JLP 연수원장이 아내에게 편지를 보내 교육에 참가하는 교사들의 열정과 수준이 갈수록 떨어지고 있다며 좋은 대안이 없겠는지 진지하게 조언을 요청하기도 했다. 역설적이지만 JLP 지원자가 많지 않았던 덕에 아내는 3번이나 교육에 참여할 수 있었다. 비록 아내가 원했던 유학은 아니었지만 세 차례의 교육과정 동안 뉴질랜드, 미국, 캐나다로 단기 연수도 다녀올 수 있었다. 그러한 노력이 있었기에 원어민교사 못지않은 영어 회화 실력을 갖출 수 있었다.

서영미 선생은 내 평생 한 번도 접하지 못했던 '주도면밀한(?)' 선생이었다. 도대체 우리나라에 이런 교사가 또 있을까라는 생각이 들 정도였다. 아내의 그러한 성격은 학생들을 가르치는 데서 빛을 발했다. 앞서서 언급한 대로 아내가 근무하던 무안행복중학교는 신설학교다 보니 개교 초기에 인근 다른 중학교에 다니던 학생들이 대거 전학을 왔다. 그중에는 자발적으로 전학을 선택한 학생들도 있었지만 이전에 다니던 학교에서 이런저런 말썽을 일으키고 반강제로 전학을 온 학생들이 적지 않았다고 한다. 아내가 담임을 맡은 반에도 일명 '문제학생'들이 절반 가까이 되었다고 하니 학생들을 지도하는 일이 쉽지 않았을 것이다. 하지만 교사 서영미는 모범생보다는 크고 작은 말썽을 부리는 학생들에게 더욱 관심과 애정을 보였다.

아내가 특히 애정을 쏟았던 학생은 스스로 공부를 잘하는 학생이 아니었다. 가정환경이 넉넉하고 사교육 등의 기회가 많은 학생보다 가정형편이 어렵고 주변에서 도움과 충고를 해줄 어른들이 없는 학생들에게 더 많은 애정을 쏟았다.

아내가 영암중학교에 재직하던 시절이었다. 영암중학교에는 농촌지역 출신 학생들이 적지 않은데 이 학생들은 가정형편도 넉넉하지 않아서 남들 다 다니는 학원조차도 다지지 못하여 수업에 잘 적응하지 못했다. 특히 영어 과목은 기초가 전혀 없어서 수업시간만 되면 꿀 먹은 벙어리가 되어버렸다고 한다.

아내는 이 학생들을 특별히 애정을 가지고 대했다. 수시로 그 학생들과 상담을 했는데 성적은 둘째 치고 방과 후에 불량스런 친구들과 어울리는 경우가 많았다고 한다. 아내는 그 학생의 사정을 듣고 방과 후에 따로 영어를 가르쳤다. 그리고 영어로 일기쓰기를 하기로 약속했다. 처음에는 영어 문장은커녕 아는 단어가 거의 없을 정도의 형편없는 실력이었는데 한 달여가 지나면서 실력이 부쩍 늘기 시작했다. 학생이 영어일기 숙제를 제출하면 아내는 집에 돌아와서 밤늦게까지 꼼꼼하게 첨삭을 해주었는데 그 모습이 너무도 행복해 보였다. 자신이 가르치는 제자가 일취월장 실력이 느는 것을 볼 때 가장 행복하다는 아내의 이야기가 그저 허투루 하는 말이 아니었다는 것을 실감할 수 있었다.

아이들도 아내의 열정에 감동을 받았는지 두어 달이 지나자 제법 긴 문장을 쓰고 문법적으로도 수준 높은 문장을 구사할 수 있는 수준이 되었다.

얼마 후에 영어경시대회에 출전을 하게 되었다. 경시대회가 있기 전날 아내는 마치 친자식이 시험을 치르러 가는 것처럼 마음 졸여했다. 그 모습을 보면서 나는 농담 반 진담 반으로 "우리 자식들 키울 때보다 더 열성이네"라고 말했던 기억이 난다. 그해 영어경시대회에서 아내가 가르친 학생들이 나란히 1~3등을 차지했다. 학생들과 아내는 전남 영암군에서 상으로 제공하는 싱가포르 연수의 기회까지 얻게 되어 정말 뛸 듯이 기뻐했다.

"여보! 우리 아이들이 해외여행도 한 번 못 가봤다는데 너무 잘됐지?"

"우리 아이들?"

아내와 나는 큰 웃음을 터뜨리며 서로를 바라보았다. 그렇게 열심히 학생을 지도했던 결과 아내는 다음 해 교육부 장관상을 받는 영예도 얻었다.

처음 전학 왔을 때 성적이 바닥 수준이었던 그 학생들은 모두 지역의 최고 명문고등학교에 당당히 진학했다고 한다. 고등학교에 진학한 학생들에게 담당 영어선생님이 영어를 누구에게 배웠냐고 물었는데 학생들은 '서영미 선생님'에게 배웠다고 답하는 바람에 그때부터 서영미 선생님은 인근 고등학교 선생님들 사이에 영어 '일타' 선생님으로 소문이 났다고 한다. 나에게 그 소식을 전해주며 행복해하던 아내의 표정을 보면서 나는 속으로 '당신은 교사의 운명을 타고난 사람이구나'라는 생각을 했다.

교사 서영미, 아내의 이름 앞에 다른 수식어는 필요 없는 사람이었다. 그를 아는 사람이라면 누구라도 동의할 것이다. 아내는 2012년 교육부장관 표창장을 받은 바 있다. 당시 언론과의 인터뷰에서 아내는 이렇게 말했다.

아내의 인터뷰를 담은 그 기사는 아내를 가장 객관적이고도 정확히 표현한 것이었다고 생각한다.

제 7604 호

표 창 장

영암중학교
교사 서 영 미

귀하는 올바른 교육관과 사명감으로 사도를 실천하고 교과지도 분야의 교육발전에 이바지하였기에 제31회 스승의 날을 맞이하여 표창합니다.

2012년 5월 15일

교육과학기술부장관 이 주

"요즘 가치판단의 기준이 돈이 되는 현실에 안타까움을 느끼면서도 문제학생으로 인식되고 있는 아이들은 마음이 아픈 아이들이라고 생각한다. 나쁜 게 아닌 아픈 거라고 생각, 언젠가는 나을 수 있다는 긍정적인 생각을 버리기 싫다."

'스승의 날' 교육부장관상 받은 영암중 서영미 교사

"나쁜 아이가 아닌 아픈 아이라는 생각"

학교폭력과 교권 붕괴 등 교육계를 둘러싼 환경이 갈수록 침울해지고 있는 가운데 지난 15일 '스승의 날'을 맞아 영암교육지원청에서 영암지역 유치원·초·중·고등학교 교사 10명이 표창을 받았다.

이 가운데 교육기술부장관상을 수상한 영암중학교 영어교사 서영미(50·사진) 교사는 현재 2학년 복수담임으로 26명의 아이들과 정신없는 하루하루를 보내고 있다.

학교에서 창의인성부장 직책을 맡고 있는 서 교사는 "저 말고도 다른 좋은 선생님이 많을 텐데…"라며 부담스러운 심경을 감추지 못했다.

지난해 3월 목포에서 영암으로 발령을 받아 영암중학교에서 근무 2년째를 맞고 있는 서 교사는 3차례 외국연수와 수많은 국내 연수를 받은 끊임없이 자기계발을 위해 노력하는 교사로 인정받고 있다.

이를 통해 처음엔 자기발전을 위해 했던 공부가 이제는 학생들을 가르치는데 자연스럽게 묻어 나오는 것을 느끼면서 "바쁜 시간을 쪼개서 어떻게 가르치면 좀 더 재밌게 전달해 줄 수 있을까" 연구를 하고 또 그 자체를 즐긴다고 말했다. 안타까운 것은 수업이외 업무처리와 생활지도 등으로 인해 늘 부족한 시간이다.

학교폭력 현상에 대해 서 교사는 "도시만큼 문제를 일으키는 학생들이 많지는 않지만 소소히 있는 편인데다 학원 때문에 힘들어 하는 아이들을 보면서 학생들에게 지금 필요하고 제가 가르치고 싶은 것 중 하나가 아이들이 하고 싶은 일이 무엇인지, 뭘 하고 싶은지, 어떻게 행복해 질수 있을지 깨닫는 것이다"고 말했다.

그는 "요즘 가치 판단의 기준이 돈이 되는 현실에 안타까움을 느끼면서도 문제 학생으로 인식되고 있는 아이들은 마음이 아픈 아이들이라고 생각한다"며 "나쁜게 아닌 아픈거라는 생각, 언젠가는 나을 수 있다는 긍정적인 생각을 버리기 싫다"고 강조했다.

/김지하 기자

퇴직 후의 꿈

"나 오늘부터 시험공부 시작했어."

지금으로부터 약 10여 전 전인 2013년 봄이었다. 퇴근길에 무거운 책 보따리를 들고 들어온 아내가 뜬금없이 자격증 공부를 하겠다는 것이었다. 내가 지나가는 말로 그 나이에 무슨 자격증이 필요하냐고 물었더니 '한국어 교육능력 자격증'이라며 퇴직 후에 다문화 가정 자녀들과 외국인 출신 부모들을 위해 한국어를 가르치는 일을 하고 싶다는 것이다.

"평생 가르치는 일을 해놓고 지겹지도 않아?"

"천직이 교사인데 죽기 전까지는 가르쳐야지."

농담처럼 대답했지만 아내의 말은 진심이었다. 그 말을 듣고 나는 아주 오래전 아내에게 청혼했던 때가 떠올랐다. 결혼하자는 말을 어렵게 꺼냈을 때 아내는 딱 한 가지 조건이 있다고 했다. 그리고 그 조건만 지킨다면 청혼을 받아들이겠다고 했다. 그것은 결혼 후에도 교사를 그만두라는 요구는 하지 않아야 한다는 것이었다. 아내 말대로 그 이외에 다른 조건은 없었다. 내가 그 조건을 흔쾌히 수락하자 아내는 나를 남편으로 받아주었다. 그리고 36년의 세월 동안 아내와 나는 그 약속을 지켰다.

아무리 좋아하는 일이라도 수십 년을 반복하다 보면 지겨워지기 마련인데 서영미 선생만은 예외였다. 그는 누군가를 가르치는 일에 대해서는 진심인 사람이었다. 평교사로 정년퇴임하는 것이 꿈이었던 아내는 퇴임

후를 위한 또 하나의 꿈을 준비하고 있었던 것이다. 평소 어려운 환경에 있는 아이들에게 남다른 정성을 쏟아왔던 아내로서 다문화가정 청소년들을 가르치는 일은 또 하나의 천직이 될 만했다.

그날 이후 아내는 마치 대입수험생처럼 공부에 매진했다. 그해 봄 국제언어교육원에 등록하여 교육과정을 이수하고 같은 해 겨울 한국어교육능력 검정시험에 당당히 합격했다. 그리고 곧바로 '한국어 교원 자격심사'를 신청하였다. 남들은 정년퇴직하면 부부동반 여행도 다니고, 함께 취미생활도 하면서 제2의 청춘을 만끽한다고 하는데 한국어 교사로 활동할 계획을 차근차근 진행하는 아내를 보면서 나는 여유로운 노년은 물 건너갔음을 직감했다. 하지만 그에 대해 불평을 하지는 않았다. 가르치는 일이 아내의 타고난 운명이듯 교사로서의 아내의 운명을 든든히 지켜주는 것 또한 나의 운명이라고 생각했기 때문이다.

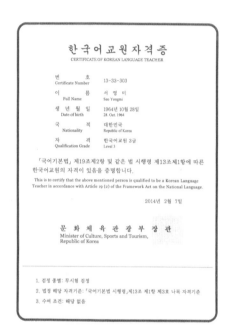

그러나 안타깝게도 나는 아내의 소박한 꿈을 지켜주지 못했다. 결혼의 유일한 조건이었던 그 약속을 꼭 지키고 싶었는데….

2부 　　사망진단서

비극의 시작

코로나19 감염병이 전 세계를 공포로 몰아넣고 있던 2021년 여름이었다. 당시 정부는 코로나19 백신을 수입하여 국민들을 대상으로 접종을 실시한다고 발표하였다. 백신의 효과와 부작용 여부에 대한 충분한 검증이 이루어지지 않은 상태였음에도 코로나 확산을 막는다는 이유로 실시된 정책이었다. 우선 접종 대상은 의료관계자, 군인 등이었고 이어서 노인 계층 다음은 학교 현장에서 활동하는 교사와 학생이었다.

접종이 시작되고 얼마 지나지 않아 문제점이 속출했다. 평소 건강하던 사람들이 백신 접종 후 급격히 건강에 이상이 생겨 응급실로 실려 가는 사태가 속출하고 졸지에 중증환자가 되는 일이 벌어졌다. 급기야 백신을 맞고 사망하는 사람들까지 등장했다. 하지만 백신 부작용으로 사망한 피해자들에 대한 소식은 어쩐 일이진 언론에서도 크게 다루어지지 않았다. 그러는 사이에 백신 접종을 꺼리는 분위기가 팽배해졌고 사람들 사이에서 '백신괴담'이라는 말이 나돌 정도로 불신이 깊어갔다. 당시 언론에 크게 보도 되지는 않았지만 질병관리청에서 발표한 자료에 의하면 2021년 12월 30일 기준 국내에서 백신 접종 후 사망한 사람의 숫자만 1,123명에 달했다. 사망에는 이르지 않았지만 중증환자로 전환된 사람도 12,343명에 이를 정도였다. 정부 보건정책을 믿고 백신을 접종한 사람이 대거 사망에 이르는 상황이었지만 정부당국은 그에 대한 명확한 설명조차 내놓지 않았다.

정부에서는 사망의 원인이 백신 때문이 아니라 평소 가지고 있던 기저질환 때문이라는 비상식적인 주장만 되풀이할 뿐이었다. 심지어는 독감 주사 등 모든 백신주사에는 부작용이 있으며 코로나19 백신 역시 일반적인 부작용이 있을 뿐이라는 황당한 주장을 하기도 하였다. 백신 사망피해자 중에는 중학생과 20대 청년 등 백신 접종 이전까지 매우 활

대한민국		
99,978,483	총 접종횟수	
58,928,573	화이자	
19,074,697	모더나	
20,443,988	아스트라제네카	
1,123	사망	
603	화이자	
109	모더나	
398	아스트라제네카	
12,343	중증	
5,853	화이자	
1,389	모더나	
4,780	아스트라제네카	

2021.12.30.질병관리청 발표자료
자료(팜뉴스 2021.12.31.)

동적이고 건강한 사람들도 많았다는 사실은 백신에 문제가 있다는 것을 방증하는 근거였음에도 정부는 이를 애써 무시하는 분위기였다.

2021년 당시 백신 접종으로 이미 1천 명 이상의 사망자가 발생했음에도 정부는 필수 접종 의무자를 지정하고 반강제로 백신을 접종하도록 하였다. 뭔가 문제가 있다고 생각하면서도 대부분의 국민은 정부의 조치를 받아들여야 했다.

그때만 해도 아내 서영미 선생이 백신의 피해자가 되리라고는 생각하지 못했다. 그것은 개인 서영미뿐 아니라 백신 피해자 모두에게 닥친 비극의 시작이었다.

사망진단서

2021년 7월 30일 그날은 평범한 날이었다. 교육당국에서 교사 등 교육기관 종사자들에 대해 백신 접종을 의무화하는 조치가 내려진 것 말고는 평소와 다름이 없었다.

서영미 선생은 교직원 중에서도 누구보다도 먼저 백신 접종을 받았다. 평소 그의 성격이나 학생들을 대하는 태도로 볼 때 당연한 일이었다. 그것이 학생들의 안전과 학습권을 지키기 위한 길이라고 생각했기 때문이다. 교사들 사이에서도 백신 접종을 꺼리는 분위기가 있었지만 스스로 선배 교사로서 솔선수범하여 당국의 정책에 협조하는 것이 자신이 해야 할 일이라고 생각한 것이다.

사실 백신 접종 당시 아내의 체력은 바닥이 난 상태였다. 신설학교 개교준비위원으로 1년 6개월 동안 건강을 돌보지 않고 개교 준비를 위한 강행군을 해왔고 개교 이후에도 학생들 사이의 폭력문제등 신경을 써야 할 일이 너무 많았기 때문이다. 옆에서 지켜보고 있던 나조차 아내에게 휴직을 권할 정도로 과중한 업무에 시달리는 것이 안타까울 정도였다. 하지만 서영미 선생은 아무리 힘들어도 휴직은 생각조차 하지 않았다. 만일 휴직이나 휴가를 내면 그 일은 고스란히 다른 동료 교사의 부담으로 돌아가기 때문이라는 것이다. 교사들 사이에서는 업무에 시달리는 자신들의 처지를 자조적 표현으로 '시간표 노예'라고 부른다고 한다. 교사 한 사람이 맡은 수업은 그 누구도 대신해 줄 수 없기 때문에 극단적으로 힘든 상황이라도 시간표에 있는 수업만은 직접 해야 하기 때문이다.

교사들의 일과는 마치 영화 '모던타임즈'에서 컨베이어벨트 앞에 꼼짝달싹할 수 없이 붙어 있어야 하는 찰리 채플린의 모습을 연상시킬 정도이다. 그러니 '시간표 노예'라는 말이 과장은 아닌 것이다.

36년 동안 교육 현장에서 헌신했던 서영미 선생은 누구보다도 교사들의 그러한 상황을 잘 알기에 자신이 맡고 있는 일을 조금이라도 미룰 수는 없었을 것이다. 그러는 사이 체력은 점점 고갈되었을 것이었다.

백신 접종 후 아내는 약간의 통증과 어지럼증이 있다고 했다. 하지만 접종 후 누구에게나 나타나는 흔한 일쯤으로 여기고 일상 업무를 해나갔다. 방학기간이었지만 아내가 재직하고 있는 무안행복중학교가 신설학교인 관계로 해야 할 일들이 산더미처럼 쌓여있었다. 나 역시 바쁜 일상을 지내면서 아내가 겪고 있는 어려움에 세심한 관심을 갖지 못했다. 지나고 생각해보면 그즈음 아내는 자기 몸에 이상이 생겼다는 것을 어느 정도 알고 있었던 것 같다. 하지만 해야 할 업무를 앞에 두고 쉴 수도 없는 상황이었다. 2학기 수업을 대비하여 여러 가지 업무를 처리해야 했고 특히 새로 부임할 영국 국적의 원어민교사 Oivia 선생이 수업을 하는데 차질이 없도록 준비하는 일을 하느라 눈코 뜰 새 없는 일정을 소화해야 했다.

그리고 비극은 시작되었다.

2021년 8월 20일 ;

서영미 선생은 재직 중이던 무안행복중학교에서 부장회의 중 극심한 기력저하와 어지럼증으로 쓰러짐.

2021 8월 21일 ;

백강우 내과병원(전남 목포시 용당동 소재)에 내원하여 진료받음. 그곳에서 의사는 환자의 상태가 매우 위급하다고 판단하고 큰 병원에서 정밀진단을 받는 것이 좋겠다고 권고.

2021년 8월 24일 ;

전남대 화순병원 응급실로 이송 후 입원. 1차 검사에서 담당 전문의는 백혈병이 의심된다는 소견을 제시.

2021년 9월 1일 ;

전남대 화순병원에서 2차 검사 결과 악성빈혈 및 혈소판감소가 의심된다는 소견과 정밀검사가 필요하다는 진단받음.

2021년 9월 15일~ ;

1차 정밀 골수 정밀검사 결과 악성빈혈 진단.

2021년 9월 30일 ;

최종 정밀검사 결과 혈액암의 일종인 '악성조직구육종'으로 판정. 항암치료를 위해 서울 대형병원으로 이송이 필요하다는 소견도 포함.

2021년 10월 3일~ ;

서울성모병원, 혈액병원에서 항암 5차 및 골수이식(조혈 모세포 이식) 시술 중 패혈증 쇼크로 인한 다발장기부전증 발생.

2022년 3월 25일 ;

병실 내에서 코로나19 확진

2022년 5월 31일 ;
사망.
사망 직접사인 : 다발장기부전
원인 : 패혈증쇼크-(원인)조직구성육종-(원인)코로나 백신 접종 및 코로나 진단
(담당의사 : 가톨릭대학교 서울성모병원 혈액내과 의사 민기준)

아내를 사망으로 몰고 간 직접사인은 '다발장기부전(가)'이었다. 직접사
인인 다발장기부전의 원인은 '패혈증 쇼크(나)'였고 그 원인은 '조직구성육
종(다)'이었다. 그리고 그에 대한 가장 근본적인 원인은 '코로나 백신
접종 및 코로나 진단(라)'이었다. 아내의 마지막을 지켜보고 최종 사망진단
을 내린 가톨릭대학교 서울성모병원 혈액내과 민기준 교수는 사망의 직접
사인과 그 원인의 인과관계에 대해 아내의 〈사망진단서〉에 다음과 같이
분명히 밝히고 있다.

"(나), (다), (라)는 (가)와 직접의학적 인과관계가 명확한 것만을 적습
니다."

또한 민기준 교수는 〈소견서〉에서 아내의 사망원인과 관련하여 다음과
같이 적고 있다.

"상환(상기 환자)는 상기 진단 확인된 분으로 조직구성육종은 면역/림프
계 악성종양으로서 2021년 7월 30일 코로나 백신 접종과 인과관계가
있는 것으로 판단됩니다. 뿐만 아니라 5cycle의 항암 이후 질환에 관해
획득이 되지 않았으며 면역력이 저하된 상태에서 2022년 3월 25일 코로나

확진에 의해서 동종 조형모세포 이식 후 감염합병증에 취약성이 높아져서

패혈증에 의한 다발 장기부전으로 사망에 이르렀을 가능성이 높습니다.

이상"

원본확인 문서번호 ▣ 2022091425398 ▣

[별지 제6호서식]

					원본대조필
등 록 번 호	36502646		**사 망 진 단 서**		**민기준**
연 번 호	2022091425398				

환자성명	서명미			성별	여
주민등록번호	641028-2568117	실제생년월일	1964년 10월 28일	직업	

주 소	전남 목포시 남악1로 51, 101동 502호(옥암동,옥암푸르지오)	
발병일시		(24시각제에 의함)
사 망 일 시	2022년 05월 31일 12시 32분	(24시각제에 의함)

사 망 장 소	주 소	서울 서초구 반포대로222(반포4동)		
	장 소	○주택 ●의료기관 ○사회복지시설(양로원, 고아원등) ○공공시설(학교, 운동장등) ○도로 ○상업·서비스시설(상점,호텔등) ○산업장 ○농장(논밭, 축사, 양식장등) ○병원 이송 중 사망 ○기타( )		

사 망 의 원 인 ※(나),(다),(라)에는 (가)와 직접 의학적 인과관계가 명확한 것만을 적습니다.	(가)	직접사인	다발장기부전	발병부터 사망까지 의 기간	
	(나)	(가)의 원인	패혈증쇼크		
	(다)	(나)의 원인	조직구성 육종		
	(라)	(다)의 원인	코로나 백신 접종 및 코로나 진단		
	(가)부터(라)까지와 관계없는 그 밖의 신체상황				
	수술의사의 주요소견			수술연월일	
	해부의사의 주요소견				

사망의 종류	● 병사 ○ 외인사 ○ 기타 및 불상				
외인사 사항	사 고 종 류	○운수(교통) ○중독 ○추락 ○익사 ○화재 ○기타( )	의도성 여부	○비의도적 사고 ○자살 ○타살 ○미상	
	사고발생일시			(24시각제에 의함)	
	사고발생 장 소	주 소			
		장 소	○주택 ○의료기관 ○사회복지시설(양로원, 고아원등) ○공공시설(학교, 운동장등) ○도로 ○상업·서비스시설(상점, 호텔등) ○산업장 ○농장(논밭, 축사, 양식장등) ○기타( )	

「의료법」 제17조 및 같은 법 시행규칙 제10조에 따라 위와 같이 진단(검안)합니다.

발 행 일 2022-09-14

의 료 기 관 명 가톨릭대학교 서울성모병[원]

주 소 서울 서초구 반포대로222(반포4동)

의사,치과의사,한의사 면 허 번 호 ___110634___ 의 사 성 명 _민기준_   **민기준**

• 주의 : 사망신고는 1개월 이내에 관할 구청·시청·읍·면·동사무소에 신고하여야 하며, 지연신고 및 미신고시 과태료가 부과됩니다.

• 「사무관리규정」 에 준용하여 전자이미지관인을 인쇄하며, 직인의 색상은 적색 또는 흑색으로 할 수 있습니다.   page: 1/1

• 본 증명서는 http://certi.cmcseoul.or.kr/ 에서 원본확인이 가능합니다. 단, 원본확인은 발급일로부터 90일까지 가능합니다.

가톨릭대학교 서울성모병원 민기준 교수의 사망진단서

소 견 서

등록번호	36502646
연번호	2022091425401

환자성명	서영미	주민등록번호	641028-2568117	성별	여	연령	만57세
주소	전남 목포시 남악1로 51, 101동 502호(옥암동,옥암푸르지오)			전화번호		010-3635-4553	

진단명		한국질병 분류번호
(주)조직구성 육종		C96.8
바이러스가 확인된 코로나바이러스 질환 2019 [바이러스가 확인된 코로나-19]		U07.1

발병일	미상	진단일	2021년 10월 20일

내용	# Histiocytic sarcoma (2021.10.20 bone marrow biopsy) 2021.10.29 #1 EPOCH 100%, C6 neulasta (비급여) 2021.12.02 #2 EPOCH 100%, C6 neulasta (비급여) 2021.12.30 #3 EPOCH 100%, C6 neulasta (비급여) 2022.01.26 BM FINDINGS CONSISTENT WITH HISTIOCYTIC SARCOMA 2022.01.27 #1 DL-ICE 100% 2022.03.07 #2 DL-ICE 75% 2022.05.12 Allo PBSCT (MSD) 상환은 상기 진단 확인된 분으로, 조직구성 육종은 면역/림프계 악성종양으로서 2021년 7월 30일 코로나 백신 접종과의 인과관계가 있는 것으로 판단됩니다. 뿐만 아니라 5 cycle 의 항암 이후 질환의 관해 획득이 되지 않았으며 면역력이 저하된 상태에서 2022년 3월 25일 코로나 확진에 의해서 동종 조혈모세포이식 후 감염 합병증에 취약성이 높아져서 패혈증에 의한 다발 장기부전으로 사망에 이르렀을 가능성이 높습니다. 이상.

비고		용도	

위와 같이 진단함.

발 행 일 2022년 09월 14일

의료기관명 **가 톨 릭 대 학 교 서 울 성 모 병**

주 소 서울 서초구 반포대로222(반포4동)

전 화 번 호 1588-1511 F A X 02-2258-5518

전 문 과 목 혈액내과

면 허 번 호 110634 의사성명 민기준 **민기준**

가톨릭대학교 민기준 교수의 사망 소견서

37

전문의가 작성한 사망진단서와 소견서의 내용처럼 아내의 사망원인은 너무도 명명백백했다. 나는 그러한 현실을 있는 그대로 받아들여야 했다. 받아들이고 싶지 않았으나 평생을 함께 했던 아내 서영미의 죽음 앞에서 내가 할 수 있는 것은 아무것도 없었다.

아내가 학교에서 쓰러진 2021년 8월 20일 이후 사망에 이른 2022년 5월 31일 사이의 시간은 교사로서 평생 헌신해왔던 아내의 삶이 허망하게 무너져 내리는 비극의 과정이었다. 그런 아내를 지켜보는 나와 가족들에게도 그것은 비극일 수밖에 없었다.

서영미.

그의 삶의 마지막은 아무런 수식어 없이 건조한 필체로 쓰여진 〈사망진단서〉로 남게 되었다. 한 사람의 삶이 고작 종이 한 장의 서류로 마무리된다는 것이 너무도 마음 아픈 일이었지만 나와 가족들은 그 죽음을 받아들여야만 했다.

여보! 백신 주사를 맞지 않았다면…

약 1년 남짓한 아내의 투병 과정을 지켜보는 동안 내가 할 수 있는 일은 없었다. 남편으로서 사랑하는 아내를 위해 아무것도 할 수 없다는 사실이 너무도 고통스러웠다. 병상에 누워있으면서도 아내 서영미 선생은 학교와 학생들을 먼저 생각했다. 어지럼증으로 시달리면서 기말고사 시험 문제출제를 했고 새로 부임하는 원어민교사가 생활할 숙소를 챙기고 다음 학기 수업 커리큘럼을 작성하느라 자신의 몸이 어떤 상태로 악화되고 있는지도 몰랐다.

지금도 생생하게 기억나는 일이 있다. 그해 8월 전남대 화순병원 응급실에 긴급 입원을 했을 때 절대 안정을 취해야 한다는 의사의 지시가 있었는데도, 아내는 고집을 부리고 밤 11시에 퇴원을 했다. 다음날 출입국관리사무소에 가서 새로 부임한 원어민교사 올리비아 선생을 데려와야 한다는 것이었다. 남편인 내가 화를 내며 말렸지만 소용이 없었다.

훗날 아내의 순직을 밝힐 근거를 수집하기 위해 내가 학교를 찾아가 그와 관련된 자료를 달라고 했지만 학교 담당교사는 당시 원어민교사 채용 및 과정에 대한 서류가 없다며 관련 서류를 내어주지 않았다. 명색이 공공교육기관인 학교에 관련 자료가 없다는 것은 상식적으로 납득할 수 없는 일이다. 그런데 담당교사는 왜 그 자료를 내어주지 않았을까. 그 이유는 알 수 없다. 다만 당시의 업무가 매우 중요한 것이었고 누군가에 그것은 승진이나 근무평점을 높게 받는데 유리한 근거가 되었을지도 모른다는 추측을 해볼 뿐이다.

만일 그때 아내가 응급실에서 퇴원하려는 것을 좀 더 강력하게 만류했더라면 결과가 달라졌을까? 아내를 보낸 후 나도 모르게 자신에게 질문하곤 한다. 항암치료를 받으면서도 자기 몸보다 교사로서 맡은 업무를 먼저 생각하는 사람이었으니 내가 아무리 강하게 만류한다 해도 아내는 자신이 해야 할 일을 하였을 것이다.

항암치료 및 조혈모세포 이식수술을 위해 서울성모병원으로 옮긴 후에도 아내는 툴툴 털고 일어나 다음 학기에는 다시 학교로 돌아가 아이들을 만날 수 있으리라고 생각했다. 하지만 패혈증 쇼크에 이은 다발장기부전증으로 악화되면서 자신이 어쩌면 다시 학교로 돌아가지 못할 수도 있다는 생각이 들었던 모양이다.

"여보! 내가 백신 주사를 맞지 않았다면 어땠을까?"

아내가 병상에 누운 채로 덤덤한 목소리로 말했다. 그의 표정에 후회나 아쉬움은 드러나지 않았다. 하지만 아내의 목소리와 표정이 무엇을 뜻하는지 알 수 있었다. 비록 감정이 둔한 편이지만 평생 함께 살아온 내가 그 의미를 모를 리 있겠는가.

그즈음 아내는 자신의 운명을 어느 정도 감지했던 것이다. 독백과도 같았던 아내의 물음은 이후 지금까지도 나에게 주어진 화두가 되었다. 그리고 그 물음에 대한 답을 찾기 위해 나 역시 다른 일들은 포기해야 했다.

그해 길었던 겨울이 지나고 봄이 왔다. 그 봄은 아내와 우리 가족에게 있어서 단 한 번도 경험하지 못했던 가장 잔인한 계절이었다. 쇠약해질대로 쇠약해진 아내가 설상가상 병원 병상에서 코로나19 확진을 받고 더 이상 환자 면회조차 불가능하게 되었다. 병원 측에서는 자신들의 과실로 인해 입원환자가 코로나19에 감염되었는데도 유가족에게는 물론 환자에게도 한마디 사과의 말도 하지 않았다. 아니 사과는커녕 마치 아내를 좀비 취급을 했다. 코로나19 감염 후 처치실로 옮겨진 아내는 홀로 외로운 마지막 싸움을 해야 했다. 그리고 두 달 뒤인 그해 5월 31일 아내는 한 사람의 아내로서, 아이들의 엄마로서 그리고 평생의 꿈이자 천직이었던 교사로서 고단했던 삶의 끈을 놓았다.

아내의 장례식은 교육장장으로 엄숙하게 치러졌다. 아내와 함께 근무했던 교직원은 물론 교육장 및 교직원을 비롯하여 무안행복중학교 학생들이 함께 참석하여 아내의 마지막 길을 배웅해 주었다. 그리고 아내의 영정 앞에 '옥조근정훈장'이 놓였다. 교사로서 36년간 헌신하다 죽음을 맞아야 했던 아내의 공적을 인정하여 정부가 교사 서영미에게 수여한 훈장이었다.

옥조근정훈장증

故 서영미 선생님의 명복
무안행복중학교

교육장, 교직원, 무안행복중학교 학생들이 참석한 추도식

　　아내의 명복을 빌어주었던 분들께 지면을 통해서 진심으로 감사의 말씀
을 전하고 싶다.

　　그런데…….
　　그런데…….

　　마음속으로만 가지고 말 못 할 사연이 있다. 솔직히 그 내용을 여기에

속속들이 모두 밝힐 수는 없다.
다만 아내의 장례식장에 참석한
분들 중에는 망자와 유가족을 모
욕한 이들이 있었다는 사실만큼
은 기록으로 남겨두고 싶다.

아내 서영미는 그렇게 떠났다.
아내를 보내고 나는 한동안 아
무것도 할 수 없었다. 약 한 달여
를 그저 멍하니 보내야 했다. 집안
곳곳에 여전히 남아 있는 아내의
흔적, 눈을 감으면 들려오는 아내
의 목소리, 현관 밖에서 작은 소리라도 들리면 나도 모르게 벌떡 일어나서
현관문을 열곤 했다. 중년의 나이를 지나 노년으로 접어들고 있었지만
나는 마치 엄마 잃은 어린아이처럼 모든 것이 두렵고 불안하기만 했다.

아내의 사십구재 즈음이었을 것이다. 아내와 같이 사범대학을 다녔던
현직 교사 두 분이 찾아와 '이제 떠난 사람을 잊고 다시 일상으로 돌아가시라'
며 나를 위로했다. 그분들의 마음은 감사했지만 그 말이 나에겐 전혀
위로가 되지 못했다.

집으로 돌아오면서 나 스스로에게 물었다. 내가 돌아갈 일상은 어디인
가? 아무리 생각해도 답을 찾을 수 없었다. 공학자로서 살아온 나의 삶도,
신제품 개발로 기대를 모았던 사업도 모두 의미가 없었다. 아내가 없는
일상 그것은 나에게 일상이 아니었다. 그러는 동안 나에게 떠나지 않은

목소리가 있었다.

"여보! 내가 백신 주사를 맞지 않았다면 어땠을까?"

병상에서 아내가 했던 그 말이 아내가 나에게 남긴 마지막 질문이자 유언처럼 느껴졌다.

'백신을 맞지 않았다면…'

'백신을 맞지 않았다면…'

'백신을 맞지 않았다면…'

그제서야 알 수 있었다. 내가 해야 할 일이 무엇인지.

교사로서 평생을 헌신하고 죽음의 순간까지 교사로서 직분을 소중하게 생각했던 서영미 선생.

내가 할 일은 바로 교사 서영미의 삶 그리고 안타까운 죽음을 무의미하지 않게 하는 것이라는 생각이 들었다.

하지만 그 과정이 이토록 힘든 일인 줄은 알지 못했다.

아무도 책임지지 않는 죽음

첫 단추는 아내가 남긴 기록을 찾아 나서는 것이었다. 먼저 학교를 찾아갔다. 아내가 쓰던 물품은 이미 대부분 버려졌고 일부만 상자에 담겨 있었다. 개교 준비 때부터 함께 했던 동료 교사가 교육활동 중 쓰러져 결국 목숨을 잃었는데 장례식이 끝나자 마치 기다렸다는 듯이 유품들을 보이지 않는 곳으로 치워버렸다는 것이 다소 서운했다. 하지만 우리네 관습상 죽은 사람이 쓰던 물건을 달가워할 사람은 없을 터이니 동료 교사들에게 서운함을 표현할 수는 없었다. 그나마 아내의 손때가 묻은 물건들을 일부나마 전달받을 수 있었다는 것에 감사했다. 다른 사람들에게는 당장이라도 버리고 싶은 물건일지 몰라도 아내의 손때가 묻은 물건들이 나에게는 너무도 소중한 것들이기 때문이다.

다만 학교를 찾아갔을 때 나를 대하는 교장과 교감의 표정과 말투를 잊을 수 없다. 그분들은 나에게 위로의 말을 건네기는커녕 나를 경계하는 것 같았다. 두 사람의 표정에서 혹시 내가 자신들에게 불이익이 되는 행동을 할까 경계하는 느낌이 역력히 읽혀졌다. 의례적인 대화를 억지로 이어가며 내가 아내의 유품을 챙겨 빨리 돌아가 주기를 바라는 투였다.

사정을 모르는 사람은 나의 왜곡된 편견 때문이 아니겠냐고 반문할지도 모른다. 하지만 아내가 병상에 있을 때 그들이 어떻게 했는지를 아는 사람이라면 나의 인식이 왜곡되어 있다는 말은 감히 하지 못할 것이다.

아내가 조혈모세포 이식수술을 위해서 서울성모병원에 입원해 있는 동안 단 한 번도 병문안을 오지 않았기 때문만은 아니다. 학교 개교 과정에서 아내가 차질 없이 수행했던 업무의 성과와 업적을 가로챘던 일 때문도 아니었다. 나 역시 크고 작은 조직에서 일해 본 사람으로서 그런 사람들은 수없이 많다는 것을 잘 알기 때문이다.

아내의 치료 과정에서 혈액이 모자라 발을 동동구르다가 마지막 희망으로 학교에 부탁을 했을 때 일언지하 거절을 당했던 일도 있었다. 하지만 우여곡절 끝에 아내가 수술을 받을 수 있었으므로 굳이 지난 일을 끄집어내서 그들을 원망하고 싶지도 않다.

그런데 내가 아내의 순직 처리와 관련된 이야기를 꺼냈을 때 마치 벌레 씹은 표정을 짓던 그들의 표정을 잊을 수 없다. 나는 아내의 순직은 당연한 것으로 생각했다. 누구라도 그렇게 생각하지 않겠는가.

교육 현장에서 36년을 헌신한 교사로서 코로나19 상황에서 아직 충분히 검증되지 않은 백신을 솔선하여 먼저 접종한 사람이었다. 자신의 안전을 위해서가 아니라 만에 하나 학생들이 감염되는 일이 없도록 하기 위한 선택이었다. 동료 후배 교사들이 선뜻 접종하기를 꺼리는 분위기에서 선배 교사로서 아내가 먼저 나섰다는 사실을 그들 역시 잘 알고 있었을 것이다. 그리고 학교 현장에서 정신을 잃고 쓰러지는 순간도 학생들을 위해 업무를 처리는 중이었다.

나에게 아내가 다시 살아 돌아올 수 있게 할 수는 없지만 가르치는 일을 천직으로 여기고 평생을 헌신해온 아내의 삶이 교육자로서 가치 있는 것이었음을 확인해 주어야 할 책임이 나에게 있다고 생각했다. 그래서

B형 RH+ 혈액형을 가지신 선한사마리아인를 찾습니다.!!
**백혈구 수혈이라 번거로운 점이 많지만 마지막 희망이라 도움 요청합니다.
가족 수혈은 금지되어 있어 이렇게 간곡히 요청드립니다.**
•연락처 : 010-■■■■■■(딸)

안녕하세요. 서영미 선생님(무안행복중학교 교사)의 가족입니다.
어려운 부탁이지만 저희 엄마의 마지막 희망은 B형 백혈구 수혈이라서 이렇게 글 올립니다. 엄마가 희귀 혈액암인 악성조직구증을 진단받고 2주전에 조혈모세포이식까지 하셨습니다. 그러나 아직도 호중구가 0으로 수치가 바닥인 상태입니다. 패혈증 증세로 중환자실에서 치료중에 있고, 이로인해 다른 장기들이 손상되어 뇌출혈, 신장기능저하로 투석까지 하고 있는 상태입니다. 호중구가 올라줘야 가망이 있다고 합니다. 호중구를 올리기 위해서는 백혈구 수혈이 필요합니다. 헌혈 시 3일정도 병원에 내원해야합니다. 병원은 서울성모병원입니다. 가능한 분이 계시다면 제발 저희 엄마 좀 살려주세요. 정말 진심으로 부탁드립니다.

부족한 혈액을 구하기 위해 한 사이트에 올렸던 글

학교를 찾아간 길에 순직이라는 말을 꺼낸 것이었다. 그런데 그들은 '순직'이라는 단어가 악성 바이러스라도 되는 듯 강한 거부감을 보였다. 나는 이해할 수가 없었다. 불과 얼마 전까지 함께 교육 현장에서 일하던 이들이 어떻게 그럴 수 있는지 도저히 이해가 되지 않았다. 어쩌면 서영미 교사가 아니라 다른 사람이 희생자가 될 수도 있는 일이었을 터인데, 그리고 바로 자신들이 아내와 똑같은 희생자가 될 수도 있는 일인데 왜 그들은 '순직'이라는 말에 화들짝 놀라듯이 반응했을까?

그때는 이해할 수 없었지만 이후 여러 공공기관을 찾아다니며 공직자와 대화를 나누면서 조금씩 납득할 수 있었다. 일을 처리하는 데 있어서 공직자들 특유의 방식 중 하나가 스스로 책임지기를 싫어한다는 것이다. 아무리 옳은 일이라고 하더라도 책임지고 업무를 수행하려는 공직자는

47

거의 없었다. 교육공무원들의 경우에도 심하면 심했지 덜하지 않았다.

내 생각이지만 그들에게 가장 큰 관심은 승진과 근무평점이었다. 새로운 일이 생겼을 때 그 일을 어떻게 처리하는 것이 자신의 승진이나 평점에 보탬이 될 것인가를 먼저 생각한다. 누가 봐도 상식적으로 정당한 일임에도 만일 그 일로 인해 자신이 책임질 일이 생긴다면 손을 대려고도 하지 않았다. 그것은 공직자 개인의 문제만은 아닐 것이다. 문제가 생겼을 때 상급자가 책임져 주기는커녕 담당자의 개인적 문제로 몰아가는 경우가 대부분이기 때문에 담당 공직자 역시 당연히 해야 할 일이라고 생각하면서도 권한 밖의 일이라는 핑계로 복잡한 일에 엮이고 싶어 하지 않은 것이었다.

학교 책임자들도 다르지 않았다. 서영미 선생의 억울한 죽음에 대해 동료이자 책임자로서 공감하기보다는 혹시라도 자신들의 승진과 평점에 누가 되지 않을까를 생각했던 것이 아닐까. 그렇지 않고서는 다른 설명은 불가능했다. 전남교육청 소속 관계자들이라면 대부분 아내와 같은 대학 출신 선후배들이고 학교 현장에서 젊은 날을 함께했던 동료들이다. 따지고 보면 나와도 대학 동문인 사람들이 많았다. 그런데도 자신들의 작은 이해관계 때문에 동료의 억울한 죽음을 외면하고 있는 것이다.

아내의 짐을 챙겨 학교를 나서려는데 젊은 교사 한 분이 다가오더니 노트 한 권을 건넸다.

"서영미 선생님이 쓰시던 건데요…."

아내의 교단일기였다. 책상을 정리하다가 서랍 속에서 발견했는데 곧바로 전해주지 못하고 가지고 있었다고 했다. 아내의 장례식이 끝나고도 보관만 하고 있다가 뒤늦게라도 유족에게 전달해야겠다고 생각했다는 것이다.

집에 돌아와 교단일기를 꺼내 겉표지를 손으로 쓸어보았다. 아내의 체온이 전해지는 것 같았다. 표지를 열자 깨알같이 적어놓은 익숙한 글씨체가 눈에 들어왔다. 주로 학생들을 상담한 내용이었다. 나도 모르게 시야가 뿌옇게 흐려졌다. 그리고 마음속으로 다짐하였다.

"당신의 명예는 내가 지켜줄게요. 그래야 당신을 만나러 갈 수 있으니까."

그날 이후 아내의 교단일기를 비롯하여 관련된 기록들을 항상 가방에 넣어 들고 다닌다. 새로운 기록이나 자료가 생길 때마다 차곡차곡 모으다 보니 처음엔 서류 가방 하나로 충분하던 것이 지금은 커다란 백팩을 등에 메고도 모자라 한 손에 학생용 가방을 들고 다녀야 할 정도가 되었다. 두 어깨에 실리는 무게가 늘어날수록 나는 새삼 깨닫게 된다. 아내가 감당해야 했던 삶의 무게가 얼마나 버거웠는지를….

휴지 조각이 되어버린 사망진단서

나 스스로 다짐했던 아내와의 약속을 지키는 것이 결코 쉽지는 않을 것이라는 예감은 하고 있었다. 하지만 아무리 견고한 공공기관이더라도, 아무리 복지부동의 공무원이더라도 명백한 사실 자체를 부정할 수는 없을 것이라는 확신이 있었다. 아내는 분명 공무 수행 과정에서 건강상의 치명적인 피해를 입었고 정부의 지시를 성실히 수행한 사실로 인해 결국 사망에 이르렀다는 사실은 그 누구도 부정할 수 없기 때문이다. 또한 그러한 사실을 우리나라를 최고의 의료기관인 가톨릭대학교 성모병원 전문의가 '사망진단서'와 '소견서'를 통해 공식적으로 확인해 주었기 때문에 아내의 '순직' 인정은 자신이 있었다. 그뿐 아니라 아내에게 '옥조근정훈장'이 수여되었다는 것은 국가가 교사 서영미가 교육공무원으로서 평생을 헌신해온 공적을 인정했다는 것을 의미하는 것이기도 했다.

비근한 사례로 2008년 폭우 사태 당시 경기도 광주시 곤지암천에서 인명구조 활동 중 급류에 휩쓸려 사망했던 경기도 광주소방서 소속 최○○ 소방교에 대하여 옥조근정훈장을 추서하고 당연히 순직으로 처리된 바가 있다.

뉴스와이어   2008년 7월 24일

순직소방공무원 옥조근정훈장 추서

2008년 07월 24일 -- 정부는 지난 20일 경기 광주시 곤지암천에서 인명구조 활동 중 급류에 휩쓸려 의식불명에 빠졌다가 사흘만에 순직한 경기도 광주소방서 소속 최OO 소방교에 대하여 옥조근정훈장을 추서했다.

청와대는 지난 22일 분당차병원으로 김백준 총무비서관을 파견하여 중환자실에서 집중치료를 받고 있던 최OO 대원과 가족을 위로하였으며, 최 대원이 순직한 23일에는 빈소가 마련된 경안장례식장으로 임삼진 시민사회비서관을 직접 파견하여 옥조근정훈장을 추서하고 유가족에게 조의를 표하고 위로했다. (이하 생략)

웹사이트: http://www.nema.go.kr

굳이 위와 같은 근거를 제시하지 않더라도 국민의 일반적인 상식에 비추어보아도 교육공무원인 정부의 지침에 따라 감염병 예방 주사를 맞고 교육 현장에서 쓰러져 결국 사망했다면 당연히 순직이 인정되어야 하는 것이 아닌가. 공무 중 의식을 잃은 소방공무원의 순직을 인정하는 국가라면 당연히 교육공무원에게도 같은 기준을 적용해야 마땅할 것이다.

그런데도 내가 학교 책임자를 찾아갔을 때 그들은 나를 마치 파렴치한 떼쟁이 정도로 취급하는 태도였다. 직접 죽은 아내를 이용하여 돈을 벌어보려는 속셈 아니냐고는 차마 말하지 않았지만 그들의 말과 태도는 그랬다.

그날 이후 나의 외로운 싸움이 시작되었다. 아내의 동료 선후배들의 도움은 더 이상 기대할 수 없었으나 대한민국이 적어도 최소한의 상식이 통하는 사회라면 시간이 걸리더라도 아내의 명예를 바로 세울 수 있으리라 확신하고 있었다.

* 명백한 증거를 외면하는 인사혁신처

국가로부터 아내의 순직을 인정받기 위해서 내가 맨 먼저 한 일은 인사혁신처에 '순직유족급여 승인신청'을 하는 것이었다.

나는 공직자도 아니고 이제까지 살아오면서 공공기관과 연관된 일을 해본 적도 없기 때문에 어디서부터 어떤 일을 시작해야 할지도 몰랐다. 여기저기 발품을 팔고 인터넷 등을 뒤져가며 찾아낸 곳이 인사혁신처였다.

인사혁신처는 공무원의 인사·윤리·복무 및 연금에 관한 사무를 관장하는 대한민국의 중앙행정기관이다. 공직에 있는 지인을 통해 알아보니 공무 중 사망한 것이 명백하니 '순직유족급여 승인신청'을 접수하면 큰 문제 없이 순직이 인정될 것이라는 조언도 있었다. 관련서류를 첨부하여 세종청사에 있는 인사혁신처를 찾아가 서류를 접수한 때가 2022년 12월이었다. 지인의 긍정적인 조언도 있고, 아내의 주치의가 발부한 사망진단서와 소견서까지 첨부했으므로 정해진 절차에 따라 당연히 순직으로 확정될 것이라는 생각했다. 아내의 영전에 결정문을 올리고 나면 나도 다시 본업으로 돌아갈 수 있으리라는 기대도 했었다.

다음 해인 2023년 1월 인사혁신처에서 발신한 공문서가 우편으로 도착

했다. 당연히 좋은 결과가 적혀있을 것으로 기대하고 봉투를 열었다.

"순직유족급여 불승인 통보"

나는 내 눈을 의심했다. 서류의 아래쪽에 불승인 사유가 적혀있었다.

> "청구인은 고인이 코로나19 화이자 백신 1차 접종 후 '조직구성육종' 상병이 발병하였고 이후 악화하여 이로 인해 사망에 이르렀다고 주장하나, 코로나19 화이자 백신 접종으로 인해 '조직구성육종'이 발병하였다는 객관적인 증거가 없어 인정하기 어렵다는 것이 의학적 소견입니다. 따라서 고인의 사망은 공무와의 상당한 인과관계가 있다고 보기 어렵습니다."

이해할 수가 없었다. 의학적 소견은 도대체 어떤 의료전문가의 소견이란 말인가. 발병 후 아내의 병이 진행되는 과정을 직접 지켜보고 최종 사망에 이르기까지의 과정을 지켜본 가톨릭 성모병원의 전문의가 사망진단서와 소견서를 통해 인과관계를 공식적으로 밝혔는데 인사혁신처가 말하는 의학적 소견은 어디에 근거한 것인가. 망자의 상태를 단 한 번 보지도 못한 의사가 그런 판단을 했다면 그것이야말로 객관적 근거로 인정할 수 없는 것이다.

인사혁신처는 세계적으로 그 권위를 인정받고 있는 가톨릭대학교 성모병원의 전문 의료진이 서명한 서류조차 객관성이 없는 허접한 서류로 취급하고 있단 말인가?

故 서영미선생 백신 접종으로 인한 사망 순직 진술서

- 사망 진단서 (가톨릭 서울성모병원내 혈액병원 민기준 주치의 교수)
"코로나 백신 접종및 코로나 진단 "직접적인 원인으로 사망 함.

- 소견서 (가톨릭 서울성모 병원내 혈액병원 민기준 주치의 교수)
2021년 7월 30일 코로나 백신접종과 인과관계가 있는 것으로 판단 됩니다

- 탄원서 (전남교육감 김대중및 선별락교인 무안행복중 교사및 근무자 교사)
전남교육감인 김대중께 "아이들의 건강과 각습권을 지키기 위해서 "
국가정책상 백신접종이 불가피하여 접촉후 사망하게되어 죄송하게 생각한다.

- 유가족 대표 남편 이 연호

2021년 7월 30일 백신 접종 , 8/20 오후3시경 어지럼증이 심해서 조퇴
8/21 백강우내과진료 , 8/24 전대화순 병원 응급실 백혈병의심 9/1 전대 화순병원 따래
악성 반혈의심. 정밀검사요망 , 9/5 골수검사차결과 다정반혈 9/30 최종정밀검사 혈액암
일종인 악성조직구 육종 판정 , 10/3 서울성모병원내 혈액병원에서 항암5차 · 골수이식중 패혈증
쇼크로 다발장기부전으로 2022.5.30 사망
2021년 7월 30일 백신접종 이전에는 건강검진을 통해서 아서서 아시겠지만 늘 건강하여으며
27년동안 제자인 아이들을사랑하며 정년후에도 진급인 영어로(한국어교사 3급 자격증 획득)
다문화 부모및 자녀를위해서 한국어를 가르치고싶다라는 소망을 가진 아내를 도와주지
못해서 미안하게 생각합니다. 진료중에도 학교에 들어 가겠다는 소망으로 좌절 ,절망
낙심하지 않고 늘 긍정적으로 치료에 최선을 다 하였습니다. 항암5차및 골수 이식이
끝나면, 9월정도는 복직할수 있다고하며, 기간제 교사를 채용하였고 항암중에도 기간제
선생님을 도와 줌으로서, 기말고사 시험출제를 하였으며, 화순전대 병원 · 응급실 입원하러가면
영어교사로서 외국인교사인 올리비아를 선발및 숙식제, 생활필수품등 제반 사항을 챙기고 지도
하였으며, 아이들수업에 차질이 없도록 항암치료중에도 지도협조하였습니다.
27년동안 영어를 가르치는 교사로서 영락한 전남교육 현장인 결손가정, 다문화가정등 형편이
어려워 학원한번 못가본 아이들을위하여 공1년 영어로 읽기쓰기를서작하여 중3이면 제법
쓰고,말하기 향수하는 학생으로 병진시키는 것을 자겨보았습니다. 교육현장에서 최선을 다한
서영미 선생님이 꼭기억 되어지고 존경 받아야 한다고 생각합니다. 어느날 접하기 백신으로
아내와 어머니를 잃어버린 유가족을 생각한다면 순직이라는 숭고한 결언으로 아내인
고서영미 선생님과 남아 있는 가족에게 위로가 되지 않을까 생각합니다. 선처를 부탁 드립니다.

서영미 선생 코로나 백신 접종으로 인한 사망 순직 진술서

54

서류를 받고 울화가 치밀었다. 36년간 교육 현장을 지켜오다 죽음을 맞이해야만 했던 공무원을 대하는 국가의 태도가 고작 이 정도란 말인가? 하지만 화만 내고 있을 수는 없었다. 그대로 포기할 수도 없었다.

* 심사청구; 공무원재해보상연금위원회

인사혁신처에서 보내온 불승인 통보서 말미에 '처분에 이의가 있을 때에는 심사청구 또는 행정소송을 청구할 수 있다고 적혀 있었다. 나는 공무원재해보상연금위원회에 심사청구를 하기로 하고 관련 서류를 준비하기 시작했다.

이번에는 청구이유서를 가급적 꼼꼼하게 작성하였다. 아내가 교사로서 헌신하면서 겪었던 어려움과 코로나19 백신 접종 후 발병 그리고 사망에 이르게 된 과정을 상세히 기록하였다. 쉬운 일이 아니었다. 공학을 전공한 사람으로서 논문이나 교재 집필을 해본 적은 있으나 글의 형식이나 전개가 나에게 익숙한 방식과는 거리가 멀었다. 지인의 도움을 받아가며 작성한 심사청구이유서의 내용은 다음과 같다.

" 국민의 나라 정의로운 대한민국 "

인 사 혁 신 처

인사혁신처

수신자 **이인호 귀하**

(경유)

제목   **순직유족급여 불승인 통보**

1. '고 서영미'님의 순직유족급여승인신청은 공무원재해보상법 제9조제3항의 규정에 따라
『공무원재해보상심의회』의 심의를 거쳐 다음과 같은 사유로 불승인 결정되었음을 통보합
니다.

가. 신청내용

고 '서영미'님(이하 고인이라 합니다.)은,

2021.07.30.(금) 코로나19 화이자 백신 1차 접종 후 08.20.(금) 수업 중 극심한 기력저하와
어지러움으로 쓰러져 다음날 내과에 내원하여 혈액 검사결과, '범혈구감소증'으로 대학병원
진료를 권고받아, 08.24. 화순전남대학교병원 응급실 내원 후 09.01. 골수검사, 09.15. 염색
체/유전자 검사 및 PET CT검사를 추가 진행하여 09.30. '악성 조직구증(C96.8)'으로 진단받
고, 서울성모병원에서 항암치료 및 조혈모세포이식을 진행하던 중 상황이 악화되어 05.31.
12:32경 '다발장기부전' 등으로 사망하여 해당 유족이 소속 연금취급기관을 거쳐 인사혁신
처에 순직유족급여를 청구하였습니다.

나. 관계법령

1) 공무원 재해보상법 제3조(정의)
2) 공무원 재해보상법 제4조(공무상 재해의 인정기준)

다. 공무와의 인과관계 여부판단

제출된 일건 서류와 당해 질병에 대한 의학적 견해를 종합해 보면,

청구인은 고인이 코로나19 화이자 백신 1차 접종 후 '조직구성 육종' 상병이 발병하였고 이
후 악화되어 이로 인해 사망에 이르렀다고 주장하나, 코로나19 화이자 백신 접종으로 인해 '
조직구성 육종'이 발병하였다는 객관적인 증거가 없어 인정하기 어렵다는 것이 의학적 소견
입니다. 따라서, 고인의 사망은 공무와의 상당한 인과관계가 있다고 보기 어렵습니다.

라. 결론

이상과 같이 "서영미"님의 상병은 공무원재해보상법에서 정한 소정의 순직에 해당하지 않는
다는 것이 "공무원재해보상심의회"의 의견이므로 금번 순직승인을 인정할 수 없습니다.

2. 이 처분에 이의가 있을 때에는 공무원재해보상법 제51조 또는 행정소송법 제20조의 규정

인사혁신처의 <순직급여불승인 통보서>

심사청구이유서

청구내용 : 서영미 교사에 대한 순직 청구

청구인 : 이인호

위 청구 요구에 대하여 다음과 같이 청구 이유를 개진합니다.

다 음

① 상기인(서영미 교사)은 1986년 3월부터 학생들을 바르게 키우겠다는 일념으로 학생 교육에 몸담은 이후, 2021년 11월까지 35년 8개월간 오직 학생들을 위해 헌신한 선생님이었습니다.

② 상기인은 2020년 2월 무안 오룡중학교 재직 시, 동년 9월 개교를 준비 중이던 무안행복중학교 개교위원으로 겸임 발령을 받았습니다.

○ 무언행복중학교 개교를 위해 상기인 포함 6명의 개교위원이 참여한 '업무 담당자 협의회'가 구성되어, 동년 2월 개교 준비를 위해 업무를 시작하게 되었습니다.

○ 개교 준비를 하는 과정은 평생 학생만 가르치고 학교만 생각해왔던 상기인에게는 너무나 낯설고 힘든 과정이었습니다.

- 전남에서는 전례가 없었던 2학기 9월 개교를 위해, 6개월 동안 1년의 교육과정을 계획하고 마무리해야 하는 책임감과 역할은 상기인에게는 큰 부담이었습니다.

- 수시로 공사 중인 학교 현장을 다니며
◆ 책걸상을 비롯하여 음악, 체육, 과학, 영상 등 특별 기자재 확보와 학습자료 구입
◆ 교실 배치, 교과 일정 짜기, 교구 신청, 각 부서의 업무, 기본 계획 수립 나아가 학교 교가 제정까지도 결정해야 하는 등
◆ 폭주하는 학습환경 구축 업무 전반을 담당하며 이전에는 경험하지 못한 무수한 일들을 몸을 돌보지 않고 처리하였습니다.
- 이런 과정 속에 배우자인 저도 어떤 때에는 학교에 출입하여 교과 물건을 옮겨준 적도 있었습니다.

○ 이렇게 힘든 개교업무를 하는 동안 상기인의 한 치의 실수와 어긋남이 없어야 한다는 강박감에 밤에 잠도 잘 이루지 못하면서 육체적 피로와 정신적 스트레스가 점차 쌓여가며 퇴근해서 집에 올 때면 거의 파김치가 되어 오는 날이 점점 늘어갔습니다.

- 남편인 제가 기억하기로는 그 당시 체중이 5kg 이상 줄어들 정도였던 것으로 기억합니다.

③ 이렇게 힘들고 어려웠던 개교과정을 거쳐 2020년 9월 규모가 큰 28학급의 무안행복중학교가 개교하게 되었습니다.

○ 학교가 개교할 때 5명의 교사가 추가로 필요하였으나 발령대상이 되지 않아, 기간제교사를 뽑아야 하는 어려움 속에

－ 상기인은 그 힘들다는 3학년 담임을 맡게 되었습니다.

－ 처음 개교하는 학교는 학교 업무가 안정되지 않은 관계로 기존 학교에 비해 업무 부담과 일의 양이 훨씬 어렵고 많습니다.

－ 또한 학생들은 전교생이 다른 학교에서 전입한 전입생들이었기에 학교생활의 안정도가 떨어지고 생활지도에 많은 어려움이 있었습니다.

－ 또한 학교 건축공사도 개교에 맞춰 완공되지 않아 지속적인 공사장 먼지와 소음, 유해 냄새에 시달려야 하는 환경적 어려움도 있었습니다.

○ 상기인이 3학년 담임을 맡은 이후

－ 전입한 반 학생들 다수가 학교생활 부적응과 학생들 간의 갈등으로 학기 초부터

◈ 남녀 학생 간 성희롱과 성추행

◈ 여러 건의 학교폭력 사건

◈ 그리고 후배를 대상으로 한 언어폭력과 폭행 사건 등 6개월 내내 조용한 날이 없는 하루하루를 보내는 상황이었습니다.

그 당시 학생들 간의 갈등조정을 위해 상담과 대화로서 해결해주고

◈ 휴일에도 수시로 전화하는 문제학생 부모님들 대화에도 응하며

해결하려 노력하였고

　◈ 또 다른 문제학생들은 무안 군청과 무안 교육청 상담센터에도 출입하며 상담 지도하는 등

　◈ 그야말로 담임 선생님으로서 힘든 노력을 다한 내용이 상기인 당시 일기에 고스란히 표현되어 있습니다.

　○ 이런 힘든 상황을 극복하고자

　- 상기인은 조기 출근과 늦은 퇴근은 물론 주말에도 학교에 나가 그 힘든 학생들과 학부모들과의 지속적인 대화를 진행하였으며,

　-학생과장, 교과 선생님들과 경찰서 출입도 마다하지 않으면서 새 학교의 건실한 출발과 안정을 위해 불철주야 대화로 해결을 위해 성실히 노력하였습니다.

　○ 그 결과 그 문제 많던 학생들을 교육 훈화시켜서 퇴학 한 명 없이 전원 원하는 고등학교에 진학시키며 눈물을 보였던 적도 있습니다.

　○ 그 힘든 2학기를 극복하는 과정에서

　- 상기인은 퇴근 후 집에 와서는 저에게 선생님이라는 직업에 대한 자괴감으로 눈물도 많이 흘렸으며, 학교를 그만두고 싶다는 말도 그때 처음 상기인에게 들을 수 있었습니다.

　○ 개교위원 6개월, 3학년 담임 6개월이 지나는 동안 상기인의 건강은

정신적 스트레스와 육체적 피로로 식욕과 체중 감소는 물론 정신적 피로까지 겹쳐 그야말로 힘든 하루하루를 보내고 있었습니다.

- 제 인생에서 그렇게 많이 수척해진 상기인을 처음 보면서 애처롭고 불쌍해 보인 적은 없었습니다. 여러 번 격려와 위로를 하면서 밥이라도 제대로 먹으라고 한 기억이 떠오릅니다.

④ 2021년 3월

○ 그 힘들었던 2020년을 보내고 새로운 학기를 맞이하였습니다. 새로운 학기에서 상기인은 교육평가 부장과 영어 교과부장 업무를 겸직하게 되었습니다.
◆ 교과 운영 및 평가 업무
◆ 학업성적 관리규정 개정과 교원 연수 계획
◆ 기초학력 및 교과 학력 증진 업무
◆ 수업 나눔 계획 수립과 학업성적 관리위원회 운영 등 연구와 평가 업무를 동시에 수행하게 되었습니다.

- 이 당시 상기인은 학생들의 영어회화 능력 향상을 위해, 신설학교라서 배치 예정이 없었던 원어민 영어교사를 새로 확보하기 위해 교육계 및 각계에 직접 호소하면서
◆ 지자체의 예산 확보
◆ 국제교육원에 인원 배정신청 등 몸소 발로 뛰면서 수많은 어려움을

해결하며 소기의 목적을 달성하는 열정과 책임감을 보여주었습니다.

 - 동료 선생님들의 탄원에 의하면, 이런 다양하고 많은 양의 두 업무를 수행하기 위해 빠른 출근과 늦은 퇴근은 기본이었고 주말 근무도 마다하지 않으며 격무에 일하면서도 항상 웃는 얼굴로 솔선하였다고 합니다.

○ 2020년 코로나 발생 이후 학교 현장의 선생님들은 주어진 학업 업무 이외에 학생들의 건강한 학습권을 지키기 위해 등교 시 발열체크부터 쉬는 시간과 점심시간에는 거리두기 지도 그리고 각종 회의와 학부모 면담 등 코로나 부가업무로 바쁘고 힘든 시간을 보내야만 했습니다.

○ 2021년 코로나 펜데믹이라는 비상시국에 선생님들도 백신 접종을 솔선해서 받아야 하는 상황이었습니다. 백신 부작용을 걱정하면서도 지병이 없는 한 모든 선생님이 백신 접종을 받아야 근무할 수 있다는 지침에 따라 모든 선생님이 백신 접종을 받았습니다.

○ 상기인은 개교 준비 이래 1년 6개월을 힘들고 어려운 업무를 이행하는 과정에서 평소에 비해 많이 병약한 상태였습니다. 그러나 상기인은 혹시 본인 때문에 학생들이 피해를 볼까 의무감과 책임감으로 누구보다 먼저 백신 접종을 받았습니다.

○ 백신 접종 며칠 후부터 상기인은 집중력이 떨어지고 수시로 두통과 어지러움 그리고 가슴 통증 등을 호소하면서, 식사 때는 식욕부진으로

신경도 날카로워져서 배우자인 저에게 화풀이와 짜증도 수시로 하였습니다.

- 학교에서도 계속되는 두통, 어지러움, 가슴통증 등을 동료 선생님들께 호소하였으나 신설학교의 과중한 업무 때문에 쉴 수 있는 여건도 안 되었고, 본인의 역할에 충실하고자 건강에 대한 검사 시기를 놓칠 수밖에 없었습니다.

- 상기인은 백신 접종 이전에는 학교에서 시행하는 건강검진 등의 결과에서 특별한 기저질환이 없이 건강하였는데 백신 접종 후 이와 같은 건강 이상이 나타나게 되었습니다.

- 이런 힘든 상황에 쉬면서 병원 진료도 받고 하여야 함에도 상기인은 개교위원과 연구평가업무를 겸임하는 부장으로서 책임과 역할을 다하기 위해 무리하게 출근을 하였습니다.

- 이런 과로와 책임감은 건강 상태를 더욱 악화시켜 급기야 2021년 8월 20일 수업 중 극심한 기력저하와 어지러움으로 쓰러져 조퇴 후 병원에 내원하여 혈액 검사 등 검사와 진료를 받았습니다.

○ 최초 진료 후 진단과 치료를 받는 중에도 상기인은 학생들과 학교를 염려하여 가족과 병원의 만류에도 불구하고 병원 내원과 학교 출근을 반복하는 책임감과 헌신을 보여주었습니다.

- 한 예로 원어민교사(영국 국적, Olivia)를 위해 교사숙소부터 출입국 관리사무소 방문 협의, 금융지원업무, 생필품 및 집기 구입 등 여러 과정의 업무를 직접 처리하였으며, 원어민교사와 직접 동행하여 지역 음식도

대접하며 편안한 환경과 안정을 주기 위해 노력하였습니다.

　- 또한 영어 듣기 평가와 성적처리업무 등을 처리하기 위해 출근을 강행하였습니다.

　이런 출근 강행을 저지하기 위해 저와 아이들이 수차례 노력하였지만 고집을 꺾지 못했습니다.

　○ 최초 진료 약 4주 후 상기인은 병원으로부터 혈소판 감소라는 진단(백강우내과 →목포보건소 신고)을 받았습니다.

　- '혈소판 감소성 혈전증'은 질병관리청에서 코로나19 백신 접종 후 발생하는 부작용으로 접종 후 4일에서 6주 사이에 주로 여성에게 증상이 나타나며 유럽의약품청(EMA)에서도 대부분 접종 후 4일에서 2주 이내에 주로 60세 미만의 여성들에게 발생한다고 분석한 바 있습니다.

　○ 혈소판 감소증 확진 후 상기인은 9월 15일 전남대 화순병원에 입원하여 정밀검사 후 혈액암(조직구성육종)으로 확진되었습니다.

　-그 결과를 가지고 10월 초 서울성모병원에 재차 입원하게 되었습니다.

　◆ 입원 후 5차례의 항암치료와 조혈모세포 이식수술 등 그야말로 힘든 과정을 보내고 있었습니다.

　◆ 그 힘들다는 항암치료 중에도 상기인은 10월 중간고사 걱정으로

업무대행자인 허OO 선생님과 출제원안 수합 및 검토, 시험 감독 배정 등에 대해 수시로 연락하였으며

◆ 상기인의 장기치료에 대비 학교에서 임시 채용한 기간제교사(신OO 교사)와도 중간고사 시험 문항 작성, 배점, 난이도 등에 대해 조언하며, 시험문제를 직접 출제하여 보내주기도 하였다는, 당시 그 어려운 시간들을 곁에서 함께한 박OO 교무부장 선생님의 회상은 상기인의 학교를 위한 책임감의 한 단면이었습니다.

◆ 옆에서 상기인을 간호하고 있던 저는 상기인의 이런 통화와 카톡 진행에 화를 내고 짜증내며 건강부터 챙기라고 전화기를 뺏곤 했습니다.

○ 이렇게 힘든 나날을 보내던 중

- 2022년 3월 25일 성모병원 내에서 코로나까지 확진되었습니다. 정말 힘들고 원망스러운 시기였습니다.

-코로나 확진으로 동 병원 암병동에서 코로나 치료병동으로 옮겨 코로나 치료까지 받아야 하는 그야말로 힘들고 고통스러운 나날이었습니다.

그러나 병세는 호전되지 않았고 5월 31일 결국 패혈증 쇼크에 의한 다발장기부전으로 약 10개월간의 병마에 시달리던 삶을 마감하였습니다.

- 남편으로 저는 상기인을 더 일찍 병원에 데려가고 더 편히 쉬게

하지 못한 후회와 죄책감으로 너무나 부족했던 제가 원망스럽기 그지없었습니다.

○ 이후 담당 의사(서울성모병원 혈액내과 민기준 박사) 사망진단서에는 사망의 최초 원인은 '코로나 백신 접종 및 코로나 진단'으로 명시되어 있으며

-소견서에는 '21년 7월 30일 코로나 백신 접종과의 인과관계가 있는 것으로 판단된다'라고 확인한 바 있습니다.

⑤ 상기인은 2020년 1월부터 무안행복중학교 개교위원으로 발령받으면서부터

○ 교사로서 한 번도 경험해보지 못한 업무를 부담하면서

-몸을 돌보지 않는 헌신적 노력과 학생들을 위한 사랑과 열정을 쏟아부었습니다.

○ 그런 불철주야의 노력 중에 자신도 모르게 정신적, 육체적 부담과 스트레스는 쌓여 갔고 급기야 건강을 잃게까지 되었습니다.

⑥ 상기인의 학생들을 향하는 그 숭고한 마음이 전해져

○ 성모병원 입원 시 선생님을 존경하고 사랑하는 학생들과 동료 선생님

수십 명이 헌혈봉사를 위해 '목포 헌혈의 집'을 방문하였으나, 헌혈의 집에 혈소판 분리기가 없어 돌아가야만 했던 안타까운 미담도 있었습니다.

ㅇ 또한 동료 선생님들의 헌혈 봉사를 위한 전남교육청 홈페이지 '전남교육통'이라는 SNS를 통한 호소문과 전남교육청의 헌혈을 위한 언론 보도자료까지(전남교육청 홈페이지 22년 5월 30일) 지면에 호소하는 등 여러 차례 주변의 눈물겨운 사랑과 관심도 받았습니다.

ㅇ 그리고 2022년 6월 2일 전남 교육계에서는 유례가 없었던, 상기인의 추모를 위해 선생님을 애도하는 엄숙한 장례식을 무안교육청 '교육장'으로 치러주셨습니다.

– 전교 학생들과 동료 선생님 모두가 선생님을 기리며 꽃을 놓고 흐느끼는 모습은 존경받는 선생님의 참모습이었습니다.

⑦ 무안행복중학교에서는

ㅇ 그 어려운 시기를 헌신과 사랑으로 학생들을 보살펴온 선생님의 그 숭고한 마음을 기려 정부에 훈장을 추서하였으며

– 정부에서는 그 헌신과 공로를 인정하여 2023년 2월 28일 옥조근정훈장(제126912호)을 수여하였습니다.

○ 재직 중에도 교과 지도와 교육 발전에 기여한 공적으로 교육과학기술부장관 표창(제7604호)과 전남교육감 표창 2회 등 표창 6회, 상장 3회를 수여받았습니다.

그리고 2012년 스승의 날 표창 수여 당시에는 지역 언론에 서도 상기인의 학생들을 위한 따뜻한 마음이 전해져, 상기인에 대한 언론 대담 내용(언론 보도 '나쁜 아이가 아닌 아픈 아이라는 생각')이 보도된 바 있습니다.

⑧ 교직을 천직으로 생각하며, 마지막 투병 중에도 학교 복귀를 의심하지 않고

- 35년 8개월을 오로지 학생들을 올바르게 키우겠다는 신념과 열정으로 살아온. 저의 배우자의 마지막 수년간의 삶을 순직이라는 제도로나마 명예로운 마무리가 될 수 있도록 위원님들께서 잘 보살펴 주시기 바랍니다.

평생 공학자로서 살아온 나로서는 처음 해보는 일이었다. '심사청구'라는 제도가 있는 줄도 몰랐고 심사청구와 같은 국가를 상대로 이의를 제기하는 일을 하리라고는 한 번도 생각해본 적이 없었다.

여하튼 심사청구이유서에서 아내의 안타까운 죽음에 대해 상세히 기록하였으므로 담당 공무원이 상식과 인간적 양심을 가진 사람이라면 당연히 심사청구를 받아들일 것이라고 자신했다.

코로나19 백신 접종에 의해 사망에 이르렀다는 전문의의 사망진단서와

소견서는 그 누구도 부정할 수 없는 객관적인 증거임이 분명했다. 굳이 그 서류가 아니더라도 일반적인 상식으로 볼 때 평생 교사로 봉직하던 교사가 다른 곳도 아닌 학교 현장에서 교육업무를 수행하다가 쓰러진 후 투병 끝에 사망에 이르렀다는 사실은 그 누구도 부정할 수 없는 객관적 사실이었다. 교사가 교단에서 쓰러져 사망에 이르렀다면 질병원인이 무엇이었든 간에 순직에 해당할 것이다.

나는 평소에 관심도 없었던 관련 법령을 찾아보았다. 공무원의 순직과 관련한 규정은 〈공무원 재해보상법〉에 명백하게 정해져 있었다. 그와 관련된 규정은 다음과 같다.

〈공무원 재해보상법 제3조(정의) ①항〉

3. "순직공무원"이란 다음 각 목의 어느 하나에 해당하는 공무원을 말한다.

가. 재직 중 공무로 사망한 공무원

나. 재직 중 공무상 부상 또는 질병으로 사망한 공무원

다. 퇴직 후 나목에 따른 부상 또는 질병으로 사망한 공무원

아내 서영미 교사는 재직 중 질병으로 사망한 공무원에 해당한다. 법에 대해 문외한이더라도 한글을 읽을 수 있는 사람이라면 상기 법에서 규정한 순직의 의미를 알 수 있을 것이다. 그러나 명백한 법률 규정도 사람을 가렸다.

여기저기 찾아다니며 자료를 모으고 인터넷을 뒤져가면서 관련 정보를 수집하는 과정에서 알게 된 사실에 의하면 같은 공무원임에도 불구하고

공무원 순직 승인 비율 (2019~22년)

경찰 공무원	61.5%	(77건 중 47건)
소방 공무원	65%	(49건 중 32건)
교육 공무원	**24%**	(45건 중 11건)
전체	53.8%	(396건 중 213건)

KBS 자료 인사혁신처

유독 교사에 대해서는 순직 인정을 인정하는 비율이 다른 공무원에 비해 극히 낮았다.

나의 상식으로는 이해할 수 없었다. 경찰공무원과 소방공무원에 비해 교육공무원의 경우 순직이 인정된 비율은 거의 3분의 1 수준이었던 것이다. 다른 직군의 공무원의 사례를 비교하는 것은 다소 바람직스러운 일은 아니지만 경찰이나 소방공무원의 경우 스스로 극단적인 선택을 하여 목숨을 끊은 경우에도 업무상 스트레스를 받았다는 것이 인정되면 대부분 순직으로 처리되는 것이 관례이다. 그러나 교사의 경우 순직 인정은 유난히 까다롭고 담당 부처에서도 순직 신청이 들어오면 불인정을 상정해 놓고 억지로 근거를 만들어서 신청을 기각하는 경우가 많다는 것이다.

자료를 찾고 다양한 통로를 통해 관련 정보를 접하면 접할수록 아내의 죽음이 순직으로 인정받는 것이 결코 쉽지만은 않겠다는 생각이 들었다. 하지만 나는 자신이 있었다. 아내는 스스로 극단적인 선택을 한 것도 아니고, 근무지가 아닌 곳에서 사고를 당하거나 업무와 무관한 이유로 질병을 얻은 것이 아니기 때문이다.

그러나 2023년 6월 12일자, 심사청구이유서에 대한 판단을 담당하는 '공무원재해보상연금위원회'에서 보내온 결정문은 나의 작은 희망을 무참하게 밟아버리는 내용을 담고 있었다.

'주문 ; 청구인의 이 사건 청구를 기각한다.'

그것은 나에게 모욕감을 주었을 뿐 아니라 이미 고인이 되어 하늘나라에서 내 모습을 지켜보고 있을 아내 서영미에게도 참으로 모욕이 아닐 수 없었다.

공무원재해보상연금위원회
결 정

사 건   23-01-125 " 서영미 " 의 순직유족급여 심사청구

청구인
· **성 명 :** 이인호(공무원과의 관계 – 남편)
· **주 소 :** (58675) 전라남도 목포시 남악1로 51 101동 502호

대상공무원
· **소 속 :** 전라남도무안교 · **직위(급) :** 교사   · **성 명 :** 서영미
            육지원청

피청구인   인사혁신처장

청구취지   피청구인이 2022.12.19. 청구인에 대하여 한 순직유족급여 불승인 처분은 취소되어야 한다.

주 문
청구인의 이 사건 청구를 기각한다.

이 유

1. 처분내용
대상공무원 故 '서영미'는 전라남도무안교육지원청 무안행복중학교 교육평가부장으로 근무하였던 자로,

2021.07.30.(금) 코로나19 화이자 백신 1차 접종 후 08.20.(금) 수업 중 극심한 기력저하와 어지러움으로 쓰러져 다음날 내과에 내원하여 혈액 검사결과, '범혈구감소증'으로 대학병원 진료를 권고받아, 08.24. 화순전남대학교병원 응급실 내원 후 09.01. 골수검사, 09.15. 염색체/유전자 검사 및 PET CT검사를 추가 진행하여 09.30. '악성 조직구증(C96.8)'으로 진단받고, 서울성모병원에서 항암치료 및 조혈모세포 이식을 진행하던 중 2022.03.25. 코로나19 양성 판정을 받는 등 상황이 악화되어 2022.05.31. 12:32경 '다발장기부전' 등으로 사망하여 유족인 청구인(대상공무원의 배우자)이 순직유족급여를 신청하였다.

이에 대해 피청구인은 코로나19 화이자 백신 접종으로 인해 '조직구성 육종'이 발병하였다고 볼만한 객관적인 증거가 없어 인정하기 어렵다는 의학적 소견에 따라 청구인의 순직유족급여 신청을 불승인하였다.

공무원재해보상연금위원회의 결정문

'공무원재해보상연금위원회'에서 보내온 결정문 중에서 최종 판단에 해당하는 일부 내용을 인용하면 다음과 같다.

"3. 판단

살피건대, 공무원 재해보상법 제3조 및 제4조에서는 순직유족급여는 공무원이 재직 중 공무로 사망한 경우 또는 재직 중 공무상 질병 또는 부상으로 사망하거나 퇴직 후 그 질병 또는 부상으로 사망한 경우 지급하도록 정하고 있어 공무와 사망 사이에 상당한 인과관계가 인정되어야 한다.

원처분 및 심사청구 시 우리 위원회로 제출된 일건기록을 청구인의 주장과 함께 살펴보면, 청구인은 고인의 사망에 대해 코로나19에 따른 대면 및 비대면 수업 준비, 개교 준비 등으로 인한 과로와 스트레스, 평소보다 병약한 상태에서 받은 코로나19 백신 접종 등 여러 가지 이유들이 복합적으로 작용한 것으로 공무와의 상당인과관계가 인정되어야 한다고 주장한다.

이에 대해 청구인의 제출된 상병경위, 진단서 및 의무기록 등을 종합적으로 검토해보면, 고인의 경우 당시 코로나19 백신 우선접종대상자로 접종한 사실은 기록에서 확인되나, 고인의 과거 건강검진 결과 빈혈이 있었던 점, 코로나 백신 접종 이후 단기간 암이 발생할 가능성이 낮다는 점 등에서 청구인의 코로나 백신 접종과 혈액암과의 관련성에 대한 근거가 없고, 청구인이 주장하는 업무 스트레스에 대해서도 혈액암과의 객관적인 연관성이 있다고 보기 어려우므로 대상공무원의 사망과 공무와의 상당 인과관계를 인정할 수 없다는 것이 우리 위원회의 판단이다.

따라서 이건 대상공무원은 공무원 재해보상법에서 규정하고 있는 '순직공무원'에 해당하지 않는다고 판단되어 주문과 같이 결정한다.

'공무원재해보상연금위원회'에서 보내온 결정문을 읽고 내 가슴은 차오르는 분노로 터져버릴 것만 같았다. 누군가 옆에 있었으면 당장이라도 멱살을 잡고 흔들었을 것이다. 크리스천으로서 나는 술을 입에도 대지 않는 사람이지만, 술이라도 진탕 마시고 결정문을 보낸 담당자를 찾아가 행패라도 부리고 싶은 심정이었다.

내가 그토록 분노했던 이유는 단지 순직 신청이 받아들여지지 않은 결과 때문만은 아니다. 정당한 절차와 납득할만한 근거에 따라 기각이 되었다면 나 역시 국법을 존중하는 국민의 한 사람으로서 결과가 마음에 내키지 않더라도 겸허히 받아들였을 것이다.

정작 내가 용납할 수 없었던 것은 공무원재해보상연금위원회의 결정문이 앞서 원심이었던 인사혁신처의 결정문을 앵무새처럼 거의 그대로 반복하고 있었기 때문이다. 인사혁신처에서 내린 원처분에 대해 불복하여 다시 재심을 요청하기 위해 신청한 청구였는데 결과는 물론 결과에 이르는 과정과 근거가 판박이처럼 똑같이 반복하고 있으니 기가 찰 노릇이 아닌가. 원심에 불복하여 재심을 청구했다면 당연히 원심에 문제는 없었는지 근거는 명확한지 다시 검토하고 살펴보는 것이 인지상정일터인데 그러한 흔적은 어디에도 보이지 않았다.

한참 뒤 분노가 잦아든 뒤에 내 입에서 한숨과 함께 자조적인 혼잣말이 흘러나왔다.

"자기들끼리 짜고 치는 노름, 노름판이구먼…."

공무원재해보상연금위원회의 기각 결정문을 받고 한동안 아무 것도 할 수 없었다. 나 '이인호'라는 존재가 그저 세상에 던져진 쓸모없는 돌맹이가 된 것만 같았다. 억울하게 죽은 아내를 위해 할 수 있는 일이 아무 것도 없고, 나 같은 소시민이 부당함에 대항할 힘이 없다는 사실 앞에 무기력해질 수밖에 없었다.

가까운 지인들조차 이젠 죽은 아내를 잊고 원래 생활로 돌아가라고 충고를 했다. 심지어는 아내와 피를 나눈 자매들 그리고 장성할 때까지 아내의 품 안에서 자랐던 자식들까지 나에게 '이제 그만 잊으라고' 말했다. 물론 그들의 마음을 안다. 세상을 떠난 사람의 일은 안타깝지만 살아있는 사람은 살아야 한다는 의미로 나를 위해 애정 어린 충고를 해준 것이라 생각한다. 하지만 그렇게 생각하면서도 나는 그런 충고가 전혀 고맙지 않았다. 오히려 서운하고 섭섭하게 들렸다. 그런 말을 들을 때마다 나는 속으로 이렇게 대답했다.

"다시 제자리로 돌아가라고? 이 세상에 내가 돌아갈 곳이 없다. 내가 돌아갈 곳은 아내가 있는 하늘나라뿐이다. 그래! 언젠가는 아내가 있는 곳으로 돌아가야겠지…. 다만 저세상에서도 자신의 억울한 죽음에 눈물 흘리고 있을 아내를 위해 최소한의 명예회복은 해놓고 가겠다."

고충민원 신청서

① 신 청 인   성 명(명칭) 이 인호   외 명
          주 소 전남 목포시 남악1로51 무조자2 101-502
          전 화 (이동전화) 010-3675-4453

② 대 표 자   성 명
   (대 리 인)   주 소
          전 화   (이동전화)
          신청인과의 관계

③ 피 신 청 인   기관명 인사혁신처, 공무원연금공단, 교육부, 전남교육청
          주 소

④ 민원 제목   코로나로 부터 학생들을 지키기 위해 희생

⑤ 민원 내용   신청인 아내의 사망원인을 밝혀 달라고 인사혁신처및 3개 기관에
       요청 하였는데 (공무원연소공단) 인사혁신처는 누락하여 불승인 통보 한것은 부당하다
1심 재심-똑같은 내용, 교육부, 전남교육청은 소속 기관으로 치료과정및 사망자 관리 시스템부재

⑥ 기타 참고사항   및 무관심 무책임인관 첫조무

   가. 소송 또는 다른 불복구제절차의 신청유무 :

   나. 증거·참고자료 기타 조사방법에 관한 의견 :

2023.7.24.
신청인 이 인호 (서명 또는 인)

이 신청서는 신청인(대리인)이 구술하는 내용을 듣고 작성한 것입니다.

     작성자 직급   성명   (서명 또는 인)

※ 유의하실 사항

① 민원내용 기재란이 부족한 경우에는 별지에 계속 기재하여 주십시오.
② 지면이 여러장일 때에는 신청인과 작성자가 간인을 하여 주십시오.
③ 신청인이 단체·기관이거나 다수인일 경우 대표자란을 기재하여 주십시오.
④ '피신청인'란은 신청인이 요구하는 처분 등과 관련된 기관을 기재하여 주십시오.
⑤ 신청인이 5명 이상인 경우 연명부 원본을 제출하여 주십시오.

210㎜×297㎜(일반용지 60g/㎡(재활용품))

국민권익위원회에 접수한 <고충민원 신청서> 23. 07. 24

모순투성이의 결정문

공무원재해보상연금위원회의 기각 결정문을 받고 한동안 의욕을 상실했던 나는 이대로 포기할 수 없다는 생각으로 다시 정신을 차렸다. 그리고 결정문을 꼼꼼히 분석하기 시작했다. 관련 법규도 찾아보고 부당한 행정처리에 대해 호소할 수 있는 방법이 무엇인지 정부 각 부처의 홈페이지를 뒤져가며 작은 가능성이라도 있으면 메모를 해두고 어떤 절차가 필요한지에 대해 꼼꼼히 조사하였다. 그러는 동안 자료를 담아둔 가방의 부피는 커지고 짊어지기 힘들 정도로 무게도 늘어났다. 평생 공학자로 살아온 관계로 비록 법률용어에 대해서는 문외한이었지만 모르는 용어는 사전을 찾아가면서 법리적인 사항을 살펴보았다.

그런데 기각 결정문의 논리는 심각한 오류가 있었다. 굳이 법률적인 지식이 없는 사람이라도 어렵지 않게 오류를 발견할 수 있었다. 우선 결정문에는 "고인의 경우 당시 코로나19 백신 우선접종대상자로 접종한 사실은 기록에서 확인되나"라고 명기하고 있으므로 아내가 교육공무원으로서 자발적으로 코로나19 백신을 접종한 것이 아니라 정부에서 정한 '우선접종대상자'에 해당하여 자신의 의사와는 무관하게 접종함으로써 정부의 지시를 충실히 수행한 것으로 볼 수 있다. 즉 아내의 백신 접종은 정부 보건당국 및 교육당국에서 정한 방침에 따른 것이다.

이어서 결정문은 기각의 이유 중 하나로 "고인의 과거 건강검진 결과 빈혈이 있었던 점", 이는 아내의 사망원인이 코로나 백신 때문이 아니라 평소 가지고 있던 빈혈로 인한 것으로 원인을 돌리기 위한 일종의 꼼수라고 밖에는 볼 수 없다. 아내는 매년 정기 건강검진을 받아왔다. 그러나 최근 검진결과 빈혈 진단을 받은 적이 없다. 만일 빈혈이 문제였다면 병원치료를 받았을 것이지만 이 사태가 벌어지기 전까지 아내는 빈혈치료를 받은 바가 없다. 다만 오래전에 받은 건강진단에서 약간의 빈혈증세가 있으므로 유의하라는 정도의 소견은 있었지만 이미 오래전 일이고 이후 학교에서 학생들을 가르치고 주어진 업무를 수행하는 데 아무런 지장이 없었다.

결정문의 논리대로 과거 건강검진 상에 빈혈이 문제였다면 그 사실이 학교 및 교육 당국에 보고되었을 것이고 권고휴직이나 입원 또는 통원치료를 권고했을 것이다. 또한 빈혈로 인해 사망에 이를 정도라면 정상적인 생활이 불가능하다는 것은 굳이 의학적 지식이 없는 사람이더라도 상식에 해당하는 사안이다. 그런데 한 사람의 사망원인을 분석하는 국가기관에서 오래전 건강진단에서 언급된 것을 가지고 억지로 인과관계를 만들려고 했다는 사실이 너무도 황당했다.

또한 결정문에는 "코로나 백신 접종 이후 단기간 암이 발생할 가능성이 낮다는 점"을 기각의 근거로 들고 있다. 코로나 백신의 부작용은 그때나 지금이나 사회적으로 큰 논란이 되어 있다. 도대체 기각 결정문을 쓴 공무원은 신문, 방송과 단절하고 사는 사람이란 말인가. 코로나 백신 접종과 암 발생이 무관하다는 근거는 어디에 있는가? 앞에서 언급했던 가톨릭의대 성모병원의 전문의가 작성한 아내의 사망진단서와 소견서에는 분명하게 기술되어 있다.

> "상환(상기 환자)는 상기 진단 확인된 분으로 조직구성육종은 면역/림프계 악성종양으로서 2021년 7월 30일 코로나 백신 접종과 인과관계가 있는 것으로 판단됩니다.(소견서 2022.9.14. 가톨릭대학교 서울성모병원 의사 민기준)"
>
> 사망 직접사인 : (가)다발장기부전
>
> 원인 : (나)패혈증쇼크-(다)조직구성육종-(라)코로나 백신 접종 및 코로나 진단 "(나), (다), (라)는 (가)와 직접의학적 인과관계가 명확한 것만을 적습니다."
> (사망진단서 담당의사 ; 가톨릭대학교 서울성모병원 혈액내과 의사 민기준)

기각 결정을 내린 공무원도 의료인이거나 또는 의료인의 자문을 받아 그러한 결정을 내렸을 것이다. 그렇다면 그는 대한민국을 대표하는 병원 중 하나인 가톨릭대학교 성모병원 전문의가 공식적으로 발부한 소견서와 사망진단서를 고작 휴지 조각으로 취급한 것이다.

가톨릭대학교 성모병원의 민기준 교수는 관련 분야에 있어서 세계적으로 인정받는 전문의로 알려져 있다. 공무원재해보상연금위원회의 결정을 자문하는 의료인이 그러한 판단을 내렸다면 결정에 앞서 민기준 교수의 진단이 잘못되었다는 근거를 제시했어야 한다.

보상연금위원회의의 자문의가 누군지는 모르지만 조혈모세포 분야의 국내 최고의 권위자로 알려진 민기준 교수보다 더 전문적이고 명확한 판단을 내렸으리라고는 생각하지 않는다.

다음 기사만 보더라도 아내의 주치의이자 죽음을 직접 검진한 민기준 교수가 어느 정도의 위상을 가진 의사인지 알 수 있을 것이다.

서울성모병원 민기준 교수,
조혈모세포이식학회 최우수연구상 수상

부산 벡스코, 제24차 아시아태평양 조혈
모세포이식학회 및 대한조혈모세포이식
학회 공동 학술대회

- 면역억제제의 만성 이식편대숙주병 예방효과 확인

가톨릭대학교 서울성모병원 혈액내과 민기준 교수가 최근 부산 벡스코에서 개최된 국제학술대회인 제24차 아시아태평양 조혈모세포이식학회 및 대한조혈모세포이식학회 공동 학술대회에서 최우수연구상을 수상했다.

대한조혈모세포이식학회는 1996년 창립되어, 매년 학술대회를 개최하고 있다. 특히, 이번 학술대회는 아시아·태평양 조혈모세포이식학회와 공동으로 개최되었으며, 미국, 유럽, 일본 등 해외 주요 관련 학회와 학술교류의 장 확대를 위해 구성했던 국제조혈모세포이식학회도 겸하는 자리로 1,300명 이상이 참석한 명실상부한 대표적 국제학술대회로 성장하였다.

민 교수가 발표한 주제는 'A phase 3 trial of Thymoglobulin for prevention of chronic GVHD in transplantation' 이다. 혈액병원 급성백혈병센터장 이석 교수기 책임연구자로 있으며, 심희제· 조병식 교수가 참여하

고 있는 3상의 전향적 임상연구로서, 동종조혈모세포이식을 받는 급성백혈병(급성 골수성 백혈병 또는 급성 림프구성 백혈병) 환자들 중 조직적합항원 일치 형제-자매간 이식에서 Anti-thymocyte globulin(ATG, Thymoglobulin, 면역억제제) 투여의

만성 이식편대숙주병 예방 효과를 규명하고자 하는 연구다.

금번 발표는 상기 연구의 중간결과를 발표한 것으로서, 통계적으로 유의하게 저용량의 ATG 투약이 재발이나 다른 감염의 합병증을 높이지 않고, 만성 이식편대숙주병을 효과적으로 예방하는 것이 확인되었다.

이러한 만성 이식편대숙주병 발병의 예방은 동종이식치료를 받는 급성백혈병 환자의 이식 후 삶의 질 향상에 긍정적인 영향을 미칠 것으로 기대된다는 내용으로 연구의 우수성이 입증되어 수상하게 되었다.

<이하 생략>

위에서 언급한 바와 같이 논리적으로 정확한 근거도 제시하지 않은 채 결정문은 "청구인의 코로나 백신 접종과 혈액암과의 관련성에 대한 근거가 없고"라고 쓰고 있다. 또한 "업무 스트레스에 대해서도 혈액암과의 객관적인 연관성이 있다고 보기 어려우므로"라고 적시하고 있다. 자신들은 근거를 제시하지 않으면서 청구인이 제시한 근거인 전문의의 사망진단서와 소견서는 없는 것으로 취급하고 있는 것이다. 그리고 과거 건강진단에서 빈혈이 있었다는 경미한 사실을 마치 사망 사실과 인과관계가 있는 것처럼 서술하면서 공무 중 과로로 쓰러진 사실에 대해서는 인과성이 없다는 것이다.

그야말로 코에 걸면 코걸이 귀에 걸면 귀고리 식의 논리가 아닐 수 없다.

짜고 치는 노름, 노름판

개인이 국가를 상대로 다른 주장을 하거나 이의를 제기하는 것은 쉽지 않은 일이다. 특히 국가기관에서 결정을 내린 사항에 대해 반대 의견을 제시하는 일은 더더욱 그렇다.

내가 국가를 상대로 싸워야겠다고 했을 때 주변의 지인들은 하나같이 '계란으로 바위 치기'라며 만류했다. 나로서는 이미 예상했던 반응이었다. 비록 한 번도 경험해보지 않은 처음 겪는 일이었지만 나라고 왜 모르겠는가. 국가기관과 그 조직에서 일하는 공무원들의 업무 스타일은 익히 들어서 알고 있었다. 하지만 직접 발로 뛰면서 국가기관을 상대하다 보니 '계란으로 바위 치기'라는 말이 절실히 느껴졌다. 또한 '복지부동'이라는 말의 의미도 예전부터 알고 있었지만, 이 과정을 통해 더욱 실감나게 다가왔다. 말하지만 그동안 머리로 알고 있던 말들을 눈으로 귀로 그리고 손과 발로 직접 체험하면서 깨달았다고 할까.

내가 원하는 것은 아내의 순직보상금이 아니다. 평생 교육 현장에서 헌신하였고 남은 생을 사회적 약자들을 위한 교육에 바치겠다는 아내의 꿈을 산산조각 나게 한 죽음의 본질을 명명백백하게 밝혀달라는 것이 나의 요구이다.

애초에 '순직급여승인신청'을 청구한 것도 '급여'가 목적이 아니라 순직을 인정해달라는 요구였다. 순직을 인정받을 수 있는 절차가 '순직급여승인

82

신청'이라는 제도였기 때문이었지 돈을 원해서가 아니었다. 돈 때문이었다면 공학자로서 내가 가진 특허권을 이용하거나 완성단계에 이르렀던 고분자공학 분야의 상품개발에 매진하는 것이 훨씬 현명한 선택이었을 것이다. 하지만 아내가 허무하게 떠난 마당에 돈은 필요하지 않았다. 크리스천의 한 사람으로서 언젠가 하늘나라에서 아내와 재회했을 때 '당신 수고했어'라는 말을 아내로부터 듣고 싶은 것이 나의 소원이다.

아내와의 이별 이후 내가 살아온 공학자로서의 삶과 고분자공학 분야의 엔지니어로 살아온 삶은 멈추어버렸다. 세계최초 친환경 점착물질 개발을 소명으로 여기고 살아왔던 나, 이인호라는 인물은 더 이상 없다. 아내의 명예회복이라는 새로운 소명을 받아들고 좌충우돌 세상과 싸우고 있을 뿐이다.

그럼에도 학교 및 교육당국 그리고 국가기관을 전전하면서 만났던 사람들은 마치 나를 죽은 아내를 이용하여 돈을 벌려는 사람쯤으로 취급했다. 아내와 함께 근무했던 동료와 관리자 그리고 해당 교육당국의 공무원들도 그랬다. 마음이 아팠다. 한때 동료로서, 선후배로서 함께 땀 흘렸던 이들이 었는데, 죽음의 진실을 밝히는 데 도움이 되기는커녕 나를 마치 잡상인 취급하기 시작했다. 자료를 요구하면 모르쇠로 일관하고 있는 자료도 폐기했다고 거짓말을 하기 일쑤였다. 심지어 아내가 기록했던 학생 교무수첩 등도 꽁꽁 감추어두고 내놓지 않았다. 한참 시간이 지난 뒤 끈질기게 학교를 찾아가 요구한 끝에 아내가 남긴 교무수첩을 돌려받을 수 있었다. 그런데 그 내용을 보고서야 비로소 아내의 동료 선후배들이 왜 그리도 아내가 남긴 기록들을 숨기고 내어주지 않으려고 했는지 짐작할 수 있었다.

교무수첩에는 앞에서 소개한 교단일기에 적혀있었던 내용과는 비교할 수 없는 충격적인 일들이 세밀하게 기록되어 있었다. 거기에는 학생들 간의 성폭력, 일명 '패드립'이라고 부르는 성적 모욕 사실이 적나라하게 적혀있었다. 그 내용을 보면서 내 손이 부들부들 떨릴 정도였으니 학생들을 직접 대면하고 상담했던 아내는 어땠을까.

중학생들 사이에서 이런 일이 벌어지고 있다는 사실은 충격이었다. 같은 반 여학생에게 "니네 엄마 OO하더라. 한 번 OO하고 싶어" 등의 모욕적인 언행을 하는 것은 거의 일상인 듯했다.

아내는 그러한 사실을 학교에 알리고 대책을 마련해달라고 요구했으나 학교 당국에서는 그저 밖으로 새어 나가지 않게 입단속만 해왔던 것이다. 그러한 사실이 공론화되면 승진과 근무평점에 지장을 주기 때문이었을 것이다.

동료의 죽음 앞에서 자신의 승진과 근무평점을 먼저 걱정하는 이들을 교육자라고 할 수 있을지 한숨만 나왔다.

그뿐이 아니었다. 아내의 순직 인정을 받기 위해 관련 서류를 준비하던 중 아내가 생애 마지막으로 받은 '옥조근정훈장'에 대한 추서 관련 서류를 요구했더니 교육청에서는 그 서류가 없다는 것이었다. 훈장을 받은 사실은 있는데 훈장을 받도록 추서한 서류가 없다니, 일반 기업도 아닌 공무원 조직에서 말도 안 되는 일이었다. 이 또한 학교와 교육청 등을 상대로 끈질기게 찾아다닌 후에야 포상 추서에 첨부된 공적조서 사본을 받을 수 있었다. 공적조서에는 아내를 옥조근정훈장 수상자로 선정해야 할 근거가 기록되어 있었다.

과거포상(훈장, 포장, 표창별로 기록)	
수여일자	포 상 종 류

공 적 내 용

1986년 3월 장흥회덕중학교 부임으로 시작하여 2021년 8월 무안행복중학교 재직 시까지 36년 3개월여 년간 한결같이 교육자로서 투철한 신념과 교직관을 바탕으로 교사로서의 수업 혁신과 학생들의 바른 인성 함양을 위한 인성지도 및 생활지도, 인성 설계를 위한 진로지도에 온 힘을 다해 노력하는 모습이 후배 교사들에게 본보기가 되었으며, 학교교육력 제고 및 실력과 인성을 갖춘 창의적인 학생 육성을 위하여 선진형 교과교실제, 글로벌 인재 양성 및 의사소통 능력향상을 통하여 미래 사회에 적응하는 창의적 인간 육성, 창의 인성교육 운영, 학교폭력 예방 등의 학교 교육 발전에 대한 공적이 뚜렷하고 주요 교육정책 추진을 통해 학교 교육 내실화의 공적이 뛰어남.

1. 교육과정 재구성을 통해 '학생의 배움'이 중심이 되는 수업 운영

충실한 교재 연구 및 일상 수업 나눔 활동을 통해 수업에 대해 성찰하고, 학생의 배움이 중심이 되는 수업을 운영하여 수업의 질을 높이고자 노력함. 교내 연수 및 특강에 적극적으로 참여하여 교수학습 방법을 개선하였음.

2. 교수 학습 및 평가 방법 개선을 통해 학생들의 자기주도적 학력을 향상시킴

교수 학습 방법 개선을 위해 교과 및 학생 특성에 맞는 학습 활동 및 모형을 연구하고 적용했으며, 평가 방법과 도구를 다양화하여 학생의 성장과 변화를 도모하는 방향으로 평가를 내실화함. 교재 연구 및 수업 나눔 활동을 통해 수업에 대해 성찰하고 학생의 활동이 중심이 되는 수업을 운영하여 수업의 질을 높이고자 노력함. 뿐만 아니라 연수 활동에 꾸준히 참여하여 교수학습 방법을 개선하고자 하였고 재직기간 동안 대부분 학급담임의 역할을 수행하였고 학생, 학부모와 원활한 소통으로 학생들의 바른 인성 함양에 크게 기여함.

3. 학습부진학생 제로화를 위한 학습동기 강화 프로그램 운영

학습 성취와 동기가 낮은 학생들을 대상으로 체험 활동 등 프로그램을 운영하여 학생의 기초문해력, 자아존중감을 향상시켰으며 학습부진 제로화에 기여함. 특히 코로나19로 인한 기본학력 부진에 따른 개선을 위한 프로그램을 계획하여 열의를 갖고 추진함.

옥조근정훈장 공적 내용

공적내용

1986년 3월 장흥회덕중학교 부임으로 시작하여 2021년 8월 무안행복중학교 재직 시 36년 3개월여간 한결 같이 교육자로서 투철한 신념과 교직관을 바탕으로 교사로서의 수업 혁신과 학생들의 바른 인성 함양을 위한 인성지도 및 생활지도, 인성 설계를 위한 진로지도에 온 힘을 다해

노력하는 모습이 후배 교사들에게 본보기가 되었으며, 학교 교육력 제고 및 실력과 인성을 갖춘 창의적인 학생 육성을 위하여 선진형 교과교실제, 글로벌 인재 양성 및 의사소통 능력 향상을 통하여 미래 사회에 적응하는 창의적 인간 육성, 창의 인성교육 운영, 학교폭력 예방 등의 학교 교육 발전에 대한 공적이 뚜렷하고 주요 교육정책 추진을 통해 학교 교육 내실화의 공적이 뛰어남.

1. 교육과정 재구성을 통해 '학생의 배움'이 중심이 되는 수업 운영

충실한 교재 연구 및 일상 수업 나눔 활동을 통해 수업에 대해 성찰하고, 학생의 배움이 중심이 되는 수업을 운영하여 수업의 질을 높이고자 노력함. 교내 연수 및 특강에 적극적으로 참여하여 교수학습 방법을 개선하였음.

2. 교수 학습 및 평가 방법 개선을 통해 학생들의 자기주도적 학습력을 향상시킴

교수 학습 방법 개선을 위해 교과 및 학생 특성에 맞는 학습 활동 및 모형을 연구하고 적용했으며, 평가 방법과 도구를 다양화하여 학생의 성장과 변화를 도모하는 방향으로 평가를 내실화함. 교재 연구 및 수업 나눔 활동을 통해 수업에 대해 성찰하고 학생의 활동이 중심이 되는 수업을 운영하여 수업의 질을 높이고자 노력함. 뿐만 아니라 연수 활동에 꾸준히 참여하여 교수학습 방법을 개선하고자 하였고 재직기간 동안 대부분 학급 담임의 역할을 수행하였고 학생, 학부모와 원활한 소통으로 학생들의 바른 인성 함양에 크게 기여함.

3. 학습 부진 학생 제로화를 위한 학습동기 강화 프로그램 운영 학습 성취와 동기가 낮은 학생들을 대상으로 체험 활동 등 프로그램을 운영하여 학생의 기초문해력, 자아존중감을 향상시켰으며 학습 부진 제로화에 기여함. 특히 코로나19로 인한 기본학력 부진에 따른 개선을 위한 프로그램을 계획하여 열의를 갖고 추진함.

건조하고 딱딱한 문장으로 쓰인 한 장의 공문서에 불과했지만 그 내용을 읽는 동안 나도 모르게 눈 주변이 빨갛게 달아올랐다. 내용 하나하나 아내가 동분서주하며 애를 썼던 일들이었다. 교육자로서 아내가 살아온 인생을 한 페이지 분량으로 간단히 정리한 것이지만 그 이면에 얼마나 많은 고뇌와 한숨과 노력이 담겨있는지 나는 너무도 절절하게 느낄 수 있었다. 초임 교사 시절 의욕 넘치는 모습부터 중견교사로서 책임감, 그리고 후배 교사들을 이끌어 나가는 고참 교사로서 지내온 아내의 삶이 마치 파노라마 영상처럼 내 머릿속을 흘러갔다. 누군가는 종이쪽지 한 장이 무슨 큰 의미가 있겠냐고 생각할지 모르지만, 나에겐 소중한 가치를 지닌 것이었다. 앞으로 있을 재판 등에서 증거가 될 수 있다는 점에서도 그랬지만 더 중요한 것은 내 아내 서영미가 교사로 살아온 흔적이자 기록이기 때문이었다.

공무원재해보상연금위원회에서 기각 결정이 난 후 내가 할 수 있는 것은 별로 없었다. 그래도 포기할 수는 없었기에 지푸라기라도 잡는 심정으로 국가기관 여기저기를 찾아다니면 진정서를 내고 담당 공무원을 만나 상황을 설명했다. 하지만 해당 기관 공무원들은 마치 입이라도 맞춘 것처럼 같은 소리만 반복했다. 각종 기관을 찾아다니며 내가 가장 많이 들었던 말이 있다.

"한번 결정 난 사안은 번복하기 어렵습니다."
"여기서 말씀하시지 마시고 법원에 소송을 제기하세요."

이 두 마디 말은 공무원들의 전매특허와 같았다. 내가 찾아다녔던 국가기관만해도 국가인권위원회, 국민권익위원회, 감사원 등 한두 곳이 아니었다. 각 기관마다 찾아가서 민원을 접수하면 소위 뺑뺑이 돌리기를 수차례 거듭했다. 진정서 접수를 위해 서울 감사원을 찾아갔더니 광주사무소로 가라고 하고 다시 광주사무소로 가서 접수를 하려고 하니 대전 정부청사 감사원 사무실로 가서 고충민원을 먼저 접수하라고 했다. 그렇게 뺑뺑이를 돌기를 수차례 반복했다.

국민고충위원회, 국민신문고, 교육부, 질병관리본부, 감사원, 인권위원회 등 가는 곳마다 문턱이 높았다. 그리고 접수할 때도 코로나19 관련 민원이라고 하면 담당 공무원들은 귀찮은 표정을 먼저 지었다. 그리고 예외 없이 "한번 결정 난 사안은 번복하기 어렵습니다."라는 말을 했다.

그 말을 들을 때마다 무성의한 공무원들의 태도에 화가 치밀었지만 참고 또 참았다. 화를 꾹꾹 누르고 뭔가 이야기를 할라치면 공무원의 입에서 여지없이 다음 말이 나왔다.

"여기서 말씀하시지 마시고 법원에 소송을 제기하세요."

드물지만 일부 공무원 중에는 그래도 내 말을 진심으로 들어주는 사람도 있었다. 국민권익위원회를 찾아갔을 때 담당 서기관은 나의 상황을 귀 기울여 듣더니 공감을 해주었다. 그 공무원은 점심시간이 되었는데도 자리를 벗어나지 않고 2시간이 넘도록 나의 이야기를 경청하고 이런저런 조언도 해주었다. 특별히 뾰족한 해결책을 제시하지는 못했지만 그래도

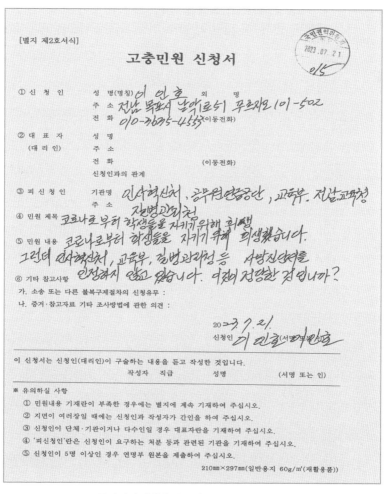

국민권익위원회에 제출한 <고충신청서>

진지하게 이야기를 듣고 공감해주는 것만으로도 고마웠다. 그 외에도 권익위원회에도 자주 찾아가다 보니 얼굴이 익은 공무원이 신청접수를 도와주는 등 나름 성의를 보이기도 했다. 하지만 공무원 개인과 조직의 원리는 달랐다.

국민권익위, 감사원, 인권위 등의 국가기관의 업무처리는 거의 천편일률적이었다. 인사혁신처와 공무원재해연금위원회의 판단을 존중한다는 결론에서 한 발도 벗어나지 않았다. 아직 최종 결론이 나오지 않은 것도 있지만 그 결과 역시 크게 다르지 않을 것으로 예상하고 있다.

국민권익위, 감사원, 인권위 등은 기관의 이름 그대로 국민의 권익과 인권 그리고 부당한 행정에 대한 감사를 전담하는 기관으로서 억울한 개인의 입장에서 문제를 바라보아야 한다. 그러나 그 기관들은 이름과는 달리 국민의 편에서 사안을 바라보는 것이 아니라 다른 국가기관에서 결정한 사안에 대해서는 문제점이 있는 것이 분명한데도 구체적인 내용을 들여다보려고 하지 않았다. 생각해보면 그것은 조직의 논리였다. 말하자면 상대 기관에서 처리한 업무를 서로서로 추인해 줌으로써 절차적인 정당성을 부여해 주는 방식이었다. 속되게 말하면 '짜고 치는 노름, 노름판'에 다름없었다.

애당초 인사혁신처의 판단에 중대한 오류와 잘못이 있었음에도 공무원재해연금위원회는 재심요청을 받고도 인사혁신처의 결정을 추인해 주고 국민권익위와 인권위도 청구인의 청구 이유를 꼼꼼히 분석하지도 않은 채 공무원재해연금위원회의 결정을 추인해 주는 것이다.

결과적으로 인사혁신처의 판단은 심대한 오류를 가지고 있음에도 공무원재해연금위원회, 국민권익위원회, 인권위원회, 감사원 등 대외적으로 권위를 가진 기관에서 추인해줌으로써 잘못된 판단에 대해 오히려 공신력을 실어주는 역할을 하는 것이다. 그러니 '노름, 짜고 치는 노름판'이라는 표현이 나오는 것이다.

짜고 치는 노름, 노름판에서 이익을 챙기는 또 하나의 '타짜'는 변호사들이었다.

감사원에 제출한 <감사제보서>

나는 이 싸움은 쉽게 끝나지 않을 것이라고 생각하고 있었기에 나는 행정소송을 차근차근 준비해 나갔다. 먼저 지인들을 통해 도움을 받을만한 변호사를 찾아보고 몇 군데 변호사 사무실을 찾아다니며 상담을 했다. 그런데 내가 만난 변호사들은 하나같이 신뢰를 주지 못했다. 법률 상담을 하러 가면 사건의 내용에는 관심이 없고 오직 수임료에만 관심을 두는 것처럼 보였다. 어떤 사건인지 살펴보지도 않고 '쉽지 않은 사건'이라는 둥 엄살을 떨며 수임료 얘기를 꺼냈다. 그들의 눈에 나와 같은 사람은 뜨내기손님에 불과하고 국가기관은 단골고객이자 VIP손님이었다. 적어도 나에겐 그렇게 보였다.

변호사들에게 실망하여 나홀로 소송을 준비하던 중 그나마 작은 희망의 소식이 전해졌다. 국민권익위원회에 제출했던 고충민원이 받아들여져서 희망의 소식이 전해졌다. 국민권익위원회에 제출했던 고충민원이 받아들여져서 2023년 8월 질병관리청에서 재심을 하라는 권고가 전달되었다는 것이다. 절벽에 갇혀있다고 생각했던 상황이 조금씩 틈을 보이고 있는 것 같았다. 하지만 여전히 갈 길은 멀기만 했다.

    …

그 후 두 달여의 시간이 지났다.

10월 25일 재심 결과를 통보받기 위해 질병관리본부를 찾아갔으나 결과는 '기각'이었다. 질병관리본부는 한 사람의 억울한 죽음을 외면하면서까지 결정을 번복하기 싫었던 것이다. 혹시나 기대했던 한 줄기 희망이 여지없이 잘려나갔다.

담당직원은 기각 소식을 전하면서 자기도 '힘들고 피곤하다'며 오히려 나에게 하소연을 했다. 더 이상 할 말이 없었다. 대놓고 말하지는 않았지만 그 직원의 표정은 '이제 그만 포기하시죠.'라고 말하고 있었다.

질병관리청 건물을 나오면서 나는 혼잣말을 중얼거렸다.

"정부가 아내의 사망진단서를 또다시 짓밟았구나……."

일주일 뒤면 기각을 통보하는 공문서가 등기우편으로 전달되겠지. 거기에는 악세사리처럼 '삼가고인의 명복을 빕니다.'라는 말과 함께 거짓과 위선의 내용이 가득 적혀있을 것이다.

나홀로 소송

2023년 9월 4일 서울 양재동에 있는 서울행정법원에 인사혁신처를 피고로 하여 소장을 접수하였다. 법률 조언을 해줄 변호사도 없었고, 소장을 써줄 법무사도 없었다. 오직 나 혼자였다. 아니 하늘나라에서 나를 지켜보는 아내와 함께였다.

행정법원 민원실 구석에 쪼그리고 앉아 볼펜을 움켜쥐고 손글씨로 소장을 적어나갔다. 손글씨로 소장을 작성하고 있는 내 모습이 측은해 보였는지 법원 안내 직원이 다가오더니 소장 접수절차와 작성요령을 알려주었다. 내가 몇 가지를 더 묻자 이내 귀찮은 듯 자리를 피했다. 익히 여러 번 경험했던 터라 아무렇지도 않았다.

요즘 같은 세상에 손글씨로 소장을 작성하는 사람이 또 있을까? 하지만 나는 일부러 손글씨를 택했다. 그렇게 해야 절절한 나의 마음이 판사에게 조금이나마 전해질 수 있을 것이라고 생각했다.

청구이유서 전문은 다음과 같다. 행정법원 현장에서 손글씨로 작성하느라 다소 거칠고 표현의 어색함이 있으나 당시 나의 심정과 애절한 마음을 그대로 전하기 위해 내용과 표현 그대로 적는다.

서울행정법원에 제출한 〈소장〉

청구이유서

공무 중 쓰러져 순직 처분을 받고자 어떻게 사망하였는지 살펴주시고, 아내인 '서영미 교사의 명예를 지켜주십시오'라고 인사혁신처에 순직 신청 하였습니다.

그런데 "순직유족급여 불승인" 제목으로 보상 및 코로나 백신 부작용의 의료사고로 인식하여 처분하였습니다.

부당합니다.

공무원 재해보상법 제6조(공무원 재해 보상심의회) ①항 2번에 "공무수행 사망자의 인정에 관한 사항이 있습니다.

즉, 36년 동안 공직을 수행하면서 결정적인 사망에 이르게 한 사건이 있었습니다. 누구도 경험하지 못한 코로나19 팬데믹과 신설학교인 무안행복중학교 개교였습니다.

최근 사회적 이슈로 서울시 서초구 서이초등학교 자살 교사 사건과 같은 맥락에서 서영미 교사도 역시 사용자가 할 수 없는 무안 오룡중학교+신설학교인 행복중학교(겸직 발령), 무안교육지청, 전남교육청 등에서 한 교사에게 모두 다 일임하고 책임을 묻기에는 너무나도 과도한 업무를 부여했음을 자세히 살펴주십시오.

그 지옥 속에서 약 3년 동안 학생들과 전쟁을 치르면서 못 견디어 결국 살신성인하고 죽음에 이르렀습니다.

그 과정 그리고 그 사후에 관심 가져주고 살펴야 할 인사혁신처가 '삼가 고인의 명복을 빕니다.' 그렇게 말하여 믿었습니다. 그런데 열심히 최선을 다한 현장교사를 그들이 정한 각본대로 행정 처리한 것은 너무합니다.

판사님 망자인 서영미 교사의 명예와 유가족의 눈물을 닦아 주십시오.

* 순직은 망자의 명예입니다. 물질보상이 우선이 될 수 없습니다. 명예를 찾고 싶어서 순직을 신청하였습니다.

* 코로나 백신 접종 부작용은 질병관리청 소관입니다. 질병관리청에서 코로나 백신 접종 부작용에 대한 인과성 확인을 진행하고 있습니다. 현재

진행 사항은 코로나 백신 접종 부작용은 인정되나 인과성은 국민권익위원회 조정 사항을 받아들여 9월~10월 중에 재심의회를 열기로 하였습니다 (코로나19 예방접종 피해 보상지원센터 4번창 참조).

질병관리청이 코로나 백신 접종 부작용 및 인과성은 평가할 것으로 판단됩니다. 의료사고가 아니며 팬데믹 상황에서 서영미 교사가 공직을 수행하다가 죽음에 이르렀는지를 평가하는 순직 절차입니다

결국 순직 요건에 필요한 행위를 하였는가를 평가하는 것이 인사혁신처의 역할이라 생각됩니다. 이점 널리 살펴주십시오.

* 사망진단서는 평가의 대상이 아니라고 생각합니다. 망자의 마지막 이력입니다. 그 병에 대해서 치료하고 관리한 주치의가 최종적으로 결론을 내어서 의사면허를 걸고 작성한 문서입니다. 2021.9.3 백강우 내과에서 전남 목포시 보건소에 혈소판 감소(이상반응. 발생 신고(보고)서 참조)로 신고했습니다. 그리고 전남대 화순병원 암센타 혈액내과를 거쳐 2021.10.3 서울성모병원 혈액내과에서 10개월간 투병 중 조혈모세포 이식 중 2022.5.31 사망했습니다. (故 서영미 선생 백신 접종으로 인한 사망 순직 진술서 참조)

인사혁신처의 순직유족급여 불승인 결론서를 보면 코로나 바이러스가 호흡기, 순환기에 해당되므로 순환기 내과 의사들이 평가하였고, 평가 심사할 때 아주 짧은 시간 동안 관찰한 진료 자료로 평가하였습니다.

그런데 서영미 교사의 진료(치료) 과정은 혈소판 감소로 판단되어 혈액내과에서 검사치료를 했습니다. 결국 서울성모병원 혈액내과 민기준 교수

가 잘 알고 있습니다. 그분의 결론은 최초 원인이 코로나 백신 접종 및 코로나 진단 그리고 소견서에 '2021.7.30 코로나 백신 접종과의 인과관계가 있는 것으로 판단됩니다.'라고 소견하였습니다(사망진단서, 소견서 참조). 그런데 어떻게 개인의 주장입니까?

이것이 고인에 대한 명복을 비는 것입니까?

인사혁신처는 업무처리를 위해 어떤 각본에 의해서 붕어빵 찍듯이 순직 유족급여 불승인을 처리하여 36년 동안 사명감을 가지고 최선을 다한 서영미 교사를 욕되게 합니까? 살펴 주십시오.

분명 서영미 교사와 유가족은 순직 유족급여 신청이 아니라 열심히 살아온 명예를 얻고 싶습니다. 판사님 망자의 명예를 돌려주십시오.

다만 본 소송에서 다툼의 근본 취지는 고인의 의학적 사망원인보다는 후술한 바와 같은 과도한 업무수행에 따른 순직 인정임을 다시 한 번 강조합니다.

* 공무원 재해보상연금위원회의 결정문 중 빈혈 관리를 못하여 악성빈혈로 발전하였다. 결국 빈혈 과실로 불허한다.

너무도 황당한 처분입니다. 바로 잡아 주십시오. 2020년 건강검진 중 빈혈이 있다고 심의회에서 지적하였습니다.

원고인 제가 심의회에 이렇게 답변하였습니다. 빈혈에 대한 정밀검사를 받았으나 약간의 문제를 발견한 것뿐 꾸준히 관리하라고 의사 선생님이 명하였습니다.

2021.9.1 전대 화순병원 외래 악성빈혈로 정밀검사 요망

2021.9.15 골수검사 1차 결과 악성빈혈

2021.9.30 최종 정밀검사 혈액암 일종인 악성조직구 육종 판정 (고 서영미 선생 백신 접종으로 인한 사망 순직 진술서 내용 중 참조)

공무원 재해보상연금위원은 잘못된 판단을 하였습니다. 악성빈혈은 조직구 육종(혈액암)을 발견하기 위한 과정으로 이것은 빈혈관리를 부실하게 한 서영미 교사의 책임이다. 이런 황당한 결론은 사명감을 갖고 팬데믹을 이겨낸 분을 두 번 죽이는 무성의한 심의입니다

2023.5.26 공무원 재해보상연금위원회 심의회 심의 건은 81건으로 오후 2시~오후 5:30 그 시간에 처리하기에 너무도 짧은 시간임을 알려드립니다. 결국, 빈혈은 오진이므로 공무원 재해 보상연금위원회 심의회 오판임을 판사님 기억하여 주십시오.

공무원은 해마다 건강검진을 받습니다. 2020년 건강검진까지 이상 없이 건강하게 학교생활을 했습니다. 그런 서영미 교사를 빈혈관리 부실로 불허 처분한 것은 부당합니다. 빈혈로 인한 불허 처분은 어불성설임을 다시 한 번 말씀 올립니다.

* 36년 동안 공직을 수행하면서 결정적인 사망에 이르게 한 사건이 있었습니다. 누구도 경험하지 못한 코로나19팬데믹과 신설학교인 무안행복중학교 개교입니다. 최근 사회적 이슈로 서울시 서초구 서이초등학

교 교사 자살 사건과 같은 맥락에서 서영미 교사도 역시 사용자가 할 수 없는 상황에서 무안오룡중학교 + 신설학교인 행복중학교(겸직 발령), 무안교육지청, 전남교육청 등 한 교사에게 모두 다 일임하고 책임을 묻기에는 너무나도 과도한 업무를 부여했음을 자세히 살펴주십시오. 그 지옥 속에서 약 3년 동안 학생들과 전쟁을 치루면서 못 견디어서 결국 살신성인하여 죽음에 이르렀습니다.

2020.9. 개교 후 그 힘들다는 3학년 담임을 맡게 되었습니다. 서영미 교사는 3학년 담임을 맡은 이후

－전입한 반 학생들 다수가 학교생활 부적응과 학생들 간의 갈등으로 학기 초부터

* 남녀 학생 간 성희롱과 성추행

* 여러 건의 학교 폭력 사건

* 그리고 후배를 대상으로 한 언어폭력과 폭행 사건 등(진술서) 6개월 내내 조용한 날이 없는 하루하루를 보내는 상황이었습니다. 그 당시 학생들 간의 갈등 조정을 위해 상담과 대화로써 해결해주고 휴일에도 수시로 전화로 문제학생 부모님들 대화에도 응하며 해결하려 노력하였고

* 또 다른 문제학생들은 무안군청과 무안교육청 상담센터에도 출입하며 상담 지도하는 등 그야말로 담임 선생님으로서 힘든 노력을 다한 내용이 당시 일기에 고스란히 표현되어 있습니다.

학생상담 일부를 옮기겠습니다.

교무수첩 P.177 2020년 10월 16일 금요일

상담자: 최OO

① 신체폭력- 다리걸이 넘어뜨리기 (10번 이상)- 아O, 서O, 연O

② 속옷 끈 풀었다(3번) - 아O

③ 트리플A, 가슴절벽 (many)-아O

④ 너희 엄마 따먹는다 - 아O

⑤ 의자에 앉아 있으면 애들 무릎에 엉덩이 대고 앉아 흔든 적이 있다 아O, 서0

⑥ 여학생들 다리에 머리를 대고 누웠다.

⑦ 선생님께 이야기한 것을 알고 '개병신 찐다'라고 말함

④ 주OO랑 의자에 겹쳐 앉아(여학생들 모두 있을 때) 신음소리 내며 '쪼인다', '너무 좋다', '자궁 닿은 것 같아'

⑨ 너 엄마 어제 저녁에 침대에서 봤는데 죽이더라

O영에게 너 섹스 해 봤냐? 여자가 진짜 느끼면 신음소리 아닌 비명 지른다. 처음 당하면 진짜 개 따뜻해 머리채 잡고 흔들 수밖에 없다.

이 내용을 보시면 인격체의 모습을 한 학생이라고 생각됩니까?

교양과 지성 그리고 사명감으로 가득 찬 서영미 교사가 교무수첩에 상상도 할 수 없는 말을 기록하고 또한 그 학생들을 지도해야 했습니다.

저는 충격을 받았습니다. 동물농장 같은 곳에서 참고 견디고, 가해자 학생, 피해자 학생 그리고 학부모들, 그들이 토하는 말과 행동들에 대한 것들을 어떻게 혼자서 감당했을까 생각하니 아내에게 죄송하고 미안하다는 생각밖에 다른 표현이 없습니다.

판사님. 담임선생이 이 모든 문제를 감당해야 할 의무가 있습니까? 담임 선생님은 준 범죄자입니다. 피해자 학생, 가해자 학생 중간에서 조정자로서 감당이 되겠습니까?

결국 담임 선생님에게 모두들 책임 추궁을 하게 됩니다. 그래서 서이초등학교 선생님의 자살이 이해가 됩니다.

이것이 오늘의 교육 현장 모습입니다.

평교사는 시간의 노예라고 합니다.

아프거나 위급한 상황이 발생해도 수업은 꼭 해야 합니다. 극단적인 행동을 해야만 문제에서 벗어날 수 있습니다. 이런 교육 환경 속에서 서영미 교사는 최선을 다했습니다. 학생들을 사랑했습니다. 학생들을 죽는 그 순간까지 걱정하고 이해하고 가르쳤습니다. 이런 서영미 교사가 인사혁신처에서 그런 대접을 받아야 합니까?

순직유족급여 신청이라는 돈만 바라보는 파렴치범 취급을 해야합니까? "삼가고인 명복을 빕니다."라는 것은 무엇입니까?

존중 되어 지고 기억 되어 지는 삶을 살았는데 인사혁신처는 명예를 찾아주어야 하지 않겠습니까?

판사님. 살펴주십시오. 나머지 내용은 코로나19 팬데믹 그리고 개교위원으로 공무 활동한, 상세히 기록된 심사청구 이유서(공무원 재해보상연금위원회 제출 참조)를 참조하셨으면 합니다.

* 치료 중에도 업무활동을 계속하였습니다.(진술서 박00 선생님 참조)

서영미 교사는 2021.7.30 1차 백신 접종 후 어지럼증과 체력저하가 있었음에도 2021.8.9 원어민교사 숙소 점검을 위해 답사를 하며 원어민 근무를 위한 준비를 하였음.

8월 24일 화순 전남대병원에서 백혈병이 의심된다며 신속한 입원과 치료를 강권했지만 외국인출입국사무소에서 대기 중인 원어민교사 인계를 위한 서류를 본인이 가지고 있어 직접 가서 처리해야 한다며 가족과 병원의 만류에도 퇴원하여 업무를 수행함.

원어민이 한국과 학교에 적응할 수 있는 환경을 위해 직접 생필품 및 집기를 구입하는 데 동행하였으며, 여러 차례 지역음식을 대접하며 편안한 환경과 안정을 주기 위해 노력함.

병원의 권고에 따라 치료를 위해 9월 13일(월)부터 17일(금)까지 연가를 냈지만 진단 결과가 좋지 않아 장기적 치료기간이 필요하여 추석 이후 9월 23일 기간제교사(신00 교사)를 채용함.

10월 6일~8일 중간고사 직전이기에 출제원안 수합 및 검토, 시험감독, 배점 등에 대한 업무에 대해 대행업무자(허00 교사)와 연락하며 추진을 도움. 또한 영어 기간제교사가 출제를 해본 경험이 없어서 기출문제에서 유사한 문제를 출제하는 오류를 범해 시험 문항 작성방법, 배점 난이도 등에 대한 조언을 하였으며, 2학기 3주에 걸쳐 직접 수업한 내용을 기반으로 50% 정도의 문제를 직접 출제하여 보내줌. (이상 박00 선생님의 진술서 내용을 정리하였습니다.)

집중치료 기간인 2021.10.3~2022.5.31 동안 최선을 다하여 공무를 수행했음.

* 결의

코로나19 팬데믹 그리고 신설학교 무안행복중학교 개교위원으로 죽음에 이르는 그 순간까지 가르치는 자로서 사명에 충실하였습니다. "순직유족급여 불승인" 처분을 한 인사혁신처는 분명 고인의 명복을 빕니다라고 했습니다.
판사님. 순직을 통하여 명예를 얻고 싶습니다. 저뿐만 아니라 저 하늘나라에 있는 아내도 똑같이 열심히 살아온 삶을 인정해주는 순직의 명예를 바라고 있을 겁니다.

판사님 저희의 억울함을 꼭 살펴주십시오.

다시 한 번 말씀 올립니다. 의료사고가 아니고 서영미 교사의 공무수행 중 쓰러져 죽음에 이르기까지 사명감을 가지고 주어진 업무를 수행하였습니다.

　망자의 명예인 순직으로 인정되도록 살펴주시고, 코로나19 백신 접종에 관련된 평가는 질병관리청 소관으로 질병관리청에서 코로나 백신 접종 부작용은 인정되나 인과성은 9월~10월 중 재심의를 하도록 되어 있습니다. 또한 망자의 사망진단서를 존중하셔서 순직이라는 명예로 망자인 서영미 교사와 유가족에게 위로가 되길 간절히 소원합니다.

　판사님!
학교현장을 열심히 지킨 서영미 교사를 꼭 기억하여 주십시오.
감사합니다.

　판사 앞으로 보내는 청구이유서에서 나는 하고 싶은 말을 두서없이 쏟아내었다. 비록 변호사처럼 매끄러운 표현과 법리적인 수사를 담지는 못했지만 진실과 진심을 전하는 데는 오히려 전문가의 도움을 받는 것보다 더 나을 것이라는 생각이 들었다. 소장을 접수하고 나오는데 비가 내리고 있었다.

　문득 이런 생각이 들었다.
이 비는 아내가 흘리는 눈물이 아닐까….

3부

시민을 위한 국가는 없다

누구나 서영미가 될 수 있는 사회

나는 지금 행정법원에 소장을 제출하고 재판을 기다리고 있다. 그동안 수많은 국가기관을 전전했지만 납득할만한 대답을 단 한 번도 듣지 못했다.

이제 마지막으로 기대할 곳은 최후의 보루인 사법부뿐이다. 재판의 결과가 어떠할지는 알 수 없다. 다만 판사의 양심과 상식을 믿고 기다릴 뿐이다.

일련의 사건을 겪는 동안 주변을 돌아볼 겨를이 없었다. 오직 아내의 명예를 회복해야 한다는 생각에 마치 영혼을 빼앗긴 사람처럼 정신없이 뛰어다니기만 했다. 그런데 주변을 돌아보니 내 아내 서영미와 같은 억울한 일을 당한 사람이 한둘이 아니었다. 코로나19 백신으로 가족을 잃은 사람들, 코로나 치료 도중 불행한 죽음을 맞이한 사람들, 그리고 아내 서영미처럼 자신의 자리에서 성실하게 일하다 참변을 당한 사람들이 이처럼 많은 줄은 몰랐다.

수많은 안타까운 사연이 있지만 그중에 아내와 유사한 피해를 입은 사람들에 대한 기사가 있어 소개한다.

첫 백신 피해 학생 국가배상 집단소송
이날도 당국 '인과성' 운운에 학부모 '피눈물'

소 제기 1년 만에 열린 재판
"역시나 정부 교육 당국은 인과성 타령만"
학부모들 "핵심은 '알고도 모른 체한 죄'"
"부적법하게 받은 동의" 입증 예고

코로나19 백신 접종 이후 숨지거나 중증 질환에 걸린 학생의 부모가 국가를 상대로 제기한 첫 집단 배상 소송의 재판이 13일 시작됐다. 이날 백신 접종과 이상 반응 간에 인과성이 입증돼야 피해가 성립하며 백신 부작용의 사전 고지 의무가 없다는 정부와 교육 당국의 입장이 잇따라 제기되자 학부모들은 "정부와 학교 말만 믿고 접종한 아이들은 누가 책임지냐"고 울분을 토했다.

서울중앙지방법원은 이날 오전 백신 접종 이후 숨진 공호준(당시 중학교 2년) 군과 중증 질환을 겪는 박정현(당시 고등학교 3년·악성림프종 혈액암) 군 등 학생 5명의 부모가 대한민국과 김부겸 전 국무총리와 정은경 전 질병관리청장, 유은혜 전 교육부 장관, 각 지역 교육감 및 학교장 등 14명을 상대로 낸 손해배상 청구 소송의 첫 변론기일을 진행했다.

코로나19 백신 피해 학생 학부모의 국가배상 집단 소송 첫 변론기일이 열린 13일 서울중앙지방법원 앞에서 백신 접종 피해 학부모들이 정부와 교육 당국을 규탄하는 입장을 밝히고 있다. 　　　　　　　　　　　　　　　　　　　　이승륜 기자

■소 제기 1년 만에 열린 재판…"역사나 정부 교육 당국은 인과성 타령만"

앞서 학부모 측 변호인은 정부와 교육 당국, 학교가 백신 접종의 부작용을 제대로 고지하지 않은 채 학생들에게 백신 접종을 사실상 강제해 사망 또는 의식불명 등의 심각한 결과를 초래했다고 주장하며 지난해 7월 소송을 제기했다. 이후 재판이 계속 연기되다가 1년이 지나서야 이날 첫 변론기일이 열렸다.

학부모들은 소장을 통해 "고등학생이거나 중학생이었던 자녀들이 사실상 학교 측의 강제로 백신을 맞았다"고 주장했다. 2021년 7월 대다수 학교가 수능 일정에 따라 고3 백신 접종을 마치라는 교육부 지침을 받았고,

이에 따라 해당 학교 학생들은 백신을 단체 접종했다. 고3 학생 1차 접종 뒤 교육부는 실시간으로 학생들의 접종 뒤 이상반응을 모니터링한 보고를 받았고, 질병청도 학생들에 대한 이상반응 감시 현황 보고서를 작성했다고 한다. 이후 고3 이상반응자가 잇따라 나왔고 교육부가 각지 교육청으로부터 수천 건의 이상반응 보고를 받은 것으로 학부모들은 파악했다. 질병청이 2021년 공개한 1차, 2차 보고서를 보면 접종 이후 혈소판감소증과 급성마비, 심근염, 심낭염 등의 중증을 호소하는 고3 학생은 각각 30건, 94건이었다. 당시 청소년을 대상으로 한 코로나19 백신의 위험성이 제기됐는데, 그런데도 질병청과 교육부는 12~17세(초등학교 6학년~고등학교 2학년) 소아·청소년 백신 접종을 강행했다고 한다.

이후 공호준 학생은 2021년 12월 1일 화이자 백신 2차 접종 뒤인 2022년 2월 28일 수면 중 숨졌다. 같은 해 8월 9일 화이자 백신을 2차 접종한 권우진 학생은 현재까지 병원에서 의식불명 상태로 투병 중이다. 박정현 학생은 가슴 종양 수술 뒤 악성림프종 혈액암 판정을 받고 항암치료를 계속하고 있다. 이승주 학생과 이*서 학생은 장기괴사 뒤 악성림프종 혈액암으로 항암치료를 받고 있다. 윤*원 학생은 학교에서 백신 1차 접종 뒤 실신했는데도 관련 부작용에 대한 설명을 듣지 못했고, 2차 접종을 하고 사지마비를 비롯한 수십 가지 이상 증상이 생겨서 치료받고 있다.

피고 측 대리인은 이런 피해가 학교와 교육 당국이 학생과 부모에게 부작용 발생 현황을 제대로 알리지 않아 백신 접종 선택권을 제한하고 관련 동의 절차를 제대로 거치지 않아 생긴 것이라고 주장했다. 교육 당국이 일부 부작용을 은폐하려고 했다는 내용도 소장에 담겼다. 재판에 참여한 학부모는 "교육부가 각 교육청으로부터 보고 받은 사실을 부인하다가 이상반응 모니터링 결과를 삭제했다. 교육 당국이 이 같은 불법행위에 고의로 가담해 무고한 아이들이 백신의 임상실험 대상이 돼 회복할 수 없는 손해를 입게 됐다"고 주장했다.

하지만 이날 대한민국 정부와 교육 당국 측 변호인들은 한결같이 "백신 접종과 이상 반응 간 인과성이 입증되지 않아 재판의 요건인 피해가 없으며, 절차에 따라 학내 접종을 시행했으므로 국가 배상 책임 요건인 고의에 의한 중과실이 없다"고 주장했다. 또 학교 측 변호인은 "강제가 아니라 학생 학부모의 자율 의사에 따라 접종이 이뤄졌다", "학교장까지 이 소송의 피고로 보는 것은 바람직하지 않다"고 입장을 제시해 재판장에 있던 학부모의 공분을 샀다. 의료 기관이 아닌 학교가 백신 부작용을 구체적으로 알릴 의무가 없는 상황에서 상부 기관의 내용을 학생들에게 그대로 하달한 것뿐이라는 이야기인데, 이와 관련해 부모들은 "학교 측이 관련 제도의 허점을 악용하려는 것"이라고 항의했다.

■학부모들 "핵심은 '알고도 모른 체한 죄'"..."부적법하게 받은 동의" 입증 예고

이에 원고 측 변호인은 재판부에 "정부 당국과 학교 측이 피고 측에 백신 접종 부작용을 제대로 고지하지 않았으며, 관련 의무를 제대로 하지

않아 피해가 발생했다는 게 원고 측 재판 청구의 취지"라고 재차 강조한 뒤 다음 재판 때 이 부분을 제대로 설명할 수 있도록 구두 변론할 기회를 30분간 달라고 요청했다. 피고 측이 주장하는 대로 백신 접종과 이상반응 간 인과성 인정 여부 등의 의학적 판단이 재판의 쟁점이 아니라 정부의 코로나19 백신 접종 제도 시행 과정에서 부작용 미고지라는 절차적 잘못이 있었고, 그 결과 회복 불가능한 피해가 생겼다는 점을 강조하려는 것이다. 재판부는 원고 측 주장을 받아들였고, 다음 재판 날짜를 오는 10월 12일로 잡았다.

재판장을 나서면서 학부모들은 울분을 참지 못하고 원고 측을 향해 "그렇게 피해자를 내고도 책임이 없다는 것이냐", "정부와 학교를 믿고 백신 맞고 사라진 아이들은 어찌하냐"고 성토해 법정 경위의 제재를 받기도 했다.

원고의 변호를 맡은 유승수 변호사는 "예상대로 정책 결정 책임자들은 학교에 정상적인 지침을 내렸다고 주장했다"며 "누가 됐든 백신 접종을 결정하는 라인에 있는 책임자가 책임을 져야 한다는 게 저희 입장이다. 문제가 생겼는데, 학교도 정부도 책임이 없다고 주장하는 것 자체가 모순이다. 이런 부분을 집중적으로 공략할 것"이라고 말했다. 류 변호사는 이어 "정부 측이 말하는 인과성 입증 부분은 문제의 본질이 아니다"며 "국가 주도로 시행한 사업에서 기본적으로 해야 하는 주의 의무인 부작용에 대한 설명이나 고지가 충분하지 않았고, 심지어 그것을 은폐하는 데 급급했다는 문제점을 입증할 것"이라고 강조했다. 그는 "백신 접종 이후 이뤄졌다는 동의도 적법하게 이뤄지지 않았다는 게 우리 입장"이라면서 "이 부분을 다음 변론 기일에 충분히 구두 변론하겠다"고 전했다.

이날 재판에 참여한 호준 군의 어머니는 "일부 학교에서는 아이들을 한 데 모아놓고 사실상 강제나 마찬가지인 접종 동의를 받았다는 이야기를 들었다. 그런데도 학교와 당국은 아무런 잘못이 없었다고 주장한다"고 목소리를 높였다. 또 다른 학부모는 "공교롭게도 첫 변론기일을 앞두고 지난달 학부모들 대다수가 백신 이상반응 피해보상 심의 결과서를 받았다. 결과서에는 아이에게 있지도 않은 기저질환이 명시돼 있었다. 심의 결과 자체를 믿지 못하겠다. 다른 피해 학생 부모들과 연대해 끝까지 싸우겠다"고 결의를 다졌다.

이번 재판의 결과가 나오면 백신 접종 이후 이상 반응을 겪은 또 다른 학생 접종자 가족의 대응에 영향을 줄 것으로 예상된다. 학생학부모인권보호연대에 따르면 코로나19 예방 백신 접종 후 사망한 학생은 18명에 이른다. 이 단체가 질병관리청을 통해 파악한 지난 5월 21일 0시 기준 백신 접종자 중 19세 이하 사망자는 12명, 주요 이상 사례자는 768명이다.

이승륜 기자

나는 그 마음을 안다.

기사를 보면서 아무도 책임지지 않는 이 사회가 어디로 가고 있는지 분노가 치밀었다. 기사에서 소개하고 있는 사건도 아내와 같이 국가의 지시에 따라 백신 접종을 하고 사망에 이른 것이었다. 백신 접종 이후 숨진 공호준 군은 중학생이었다고 한다. 아내를 잃은 내가 이토록 아픈데 아이를 잃은 부모의 마음은 어떠할까.

작은 희망 그러나 정부는…

그 와중에도 희망을 주는 소식도 있었다. 코로나19 백신 접종 후 사망한 30대의 배우자가 소송에서 승소한 것이다.

노컷뉴스　　　2023년 7월 11일

코로나19 백신 접종 후 사망한 30대… 法 "정부가 보상해야"

"사망과 백신 접종에 인과관계 있다고 봐야"

코로나19 백신을 맞고 6일 뒤 숨진 30대 남성의 유족에게 정부가 피해를 보상해야 한다는 법원의 판단이 나왔다.

11일 법조계에 따르면 서울행정법원 행정4부(김정중 부장판사)는 A(사망 당시 34세)씨의 배우자가 질병관리청장을 상대로 낸 예방접종 피해보상 거부 처분 취소 소송을 지난 7일 원고 승소로 판결했다.

A씨는 지난 2021년 10월 화이자 백신을 접종한 이틀 뒤 왼쪽 팔 부위의 저림·마비 증세를 호소하며 의식을 잃고 쓰러졌다. 이후 병원에 옮겨졌지만

혼수상태로 있다가 나흘 뒤 숨졌다.

A씨는 평소 건강했고 별다른 병력도 없었던 것으로 파악됐다.

질병청은 부검 결과 A씨의 뇌에서 발견된 해면상 혈관종(혈관 기형의 일종)이 비외상성 뇌내출혈을 일으켜 사망한 것으로 보인다며 A씨가 피해 보상 대상이 아니라고 판단했다.

이에 A씨의 배우자는 소송을 냈고 재판부는 A씨의 사망과 백신 접종 간 인과관계가 있다고 봤다. 재판부는 "망인의 사망이라는 결과가 이 사건 백신 접종이 아닌 다른 원인에 의해 발생했다고 단정하기 어렵고 백신 접종으로부터 발생했다고 추론하는 것이 의학 이론이나 경험칙 상 불가능하다고 보이지도 않는다"고 밝혔다.

이어 "망인의 사망과 이 사건 백신 접종에 인과관계가 있다고 봄이 타당하다"고 덧붙였다.

박희원 기자

위의 기사에서 코로나19 백신 접종 피해자의 재판 승소 소식이 있고 얼마 후 같은 언론사에서 또 다른 기사가 보도되었다. 재판에서 패소한 정부가 다시 항소를 한 것이다. 재판의 결과를 겸허히 받아들이고 국민과 피해자들에게 고개 숙여 사과해도 모자랄 판에 국민의 세금으로 다시 재판을 한다는 사실이 있을 수 있는 일인가?

국제신문　　　　2023년 7월 28일

백신 재판 패소 질병청 항소에 피해자 격분…
"세금으로 우리 공격"

피해자 승소에도 불구하고… "기저질환 역공 못 뒤집어"
질병청 뒤늦은 항소장 제출… "국과수 입장, 추가 증거 낼 듯"
피해자·유족 공분…"세금으로 피해자 괴롭히는 정부 공론화 할 것"

기저질환을 이유로 코로나19 백신 접종과 사망 간에 인과성이 없다고 판단한 피해 보상 결정을 뒤엎는 법원의 판결이 나오자(지난 11일자 국제신문 온라인 보도 등) 질병관리청이 항소를 제기했다. 이 소식이 전해지자 백신 피해자와 가족은 질병청장이 백신 피해를 폭넓게 인정하겠다는 애초 약속을 저버린 채 국민에게 또 상처를 주려고 한다고 비난했다.

28일 법조계 등에 따르면 질병청 소송대리인인 정부법무공단은 지난 27일 '예방접종 피해보상 거부 처분 취소의 소' 판결에 대한 항소장을 서울지방행정법원에 제출했다.

앞서 서울행정법원 제4부(재판장 김정중 부장판사)는 지난 7일 코로나19 예방접종 뒤 사망한 남성의 아내인 김효연(34) 씨가 질병관리청장을 상대로 제기한 코로나19 예방접종 후 이상반응 피해보상 거부 처분 취소 소송에서 원고 청구를 받아들였다.

■ 피해자 승소에도 불구하고… "기저질환 역공 못 뒤집어"

김 씨의 남편인 오현세(사망 당시 34세) 씨는 2021년 10월 22일 코로나19 화이자 백신을 1차 접종하고 이틀 뒤 왼쪽 팔 저림과 마비 증세를 호소하며 의식을 잃고 쓰러져 병원으로 옮겨졌다. 이후 오 씨는 나흘 뒤인 2021년 10월 28일 숨졌다. 김 씨는 남편이 백신 접종으로 숨진 것으로 보고 감염병의 예방 및 관리에 관한 법률(이하 감염병예방법)에 근거해 질병청에 보상을 신청했다. 하지만 질병청은 오 씨의 사망 원인이 뇌출혈이라는 부검 소견에 따라 오 씨의 사망과 백신 접종 사이에 인과성이 없다고 판단하고 피해보상 거부 처분을 내렸다. 당시 질병청은 코로나19 예방접종 이후 이상반응 인과성 평가 연구에서 백신 접종과 뇌졸중(뇌출혈 등) 간에 연관성이 인정되지 않는다는 결과가 제시됐음을 처분 근거로 들었다.

하지만 재판부는 질병청의 판단에 문제가 있다고 봤다. 부검 결과 오 씨의 뇌내출혈 부위에서 해면혈 관종이 발견됐는데, 법원은 해면혈 관종이 뇌출혈을 야기할 수 있는 사실을 짚으면서도 오 씨의 사망이라는 결과가 백신 접종이 아닌 다른 원인에 의해서만 발생했다고 단정하기 어렵다고 밝혔다. 재판부의 이러한 판단을 끌어내기 위해 안 변호사와 유족은 접종자가 갖고 있는 해면상혈관종의 치명적 출혈 발생률이 10% 정도라는 점을 부각했다. 해면상혈관종은 중추신경계 혈관 기형의 하나로, 단일 세포층 형태의 모세혈관의 해면체 모양(벌집) 종괴(덩어리)다. 김 씨의 소송을 대리한 법무법인 하신의 안나현 변호사는 "혈관종이 치명적이지 않은 데다 접종자가 기존에 이 기형으로 치료받거나 한 적이 없다는 점을 부각했다"라면서 "그런데도 젊고 건강했던 접종자가 백신 맞고 갑자기 숨진 사정을 질병청이 설명해야 한다고 주장했다"고 재판 당시 상황을 전했다. 정부가 인과성 불인정 사유로 내세운 기저질환이 사망을 초래할 정도로 치명적이지 않은 기형이라면, 건강했던 젊은 남성이 접종 이후 사망한 원인을 정부가 제시해야 '사망과 백신 간 관련성이 없다'는 정부 주장이 타당할 수 있다는 이야기다. 정부 측 '기저질환' 논리를 역이용한 셈이다.

■질병청 뒤늦은 항소장 제출... "국과수 입장, 추가 증거 낼 듯"

이후 질병청은 항소 여부에 대해 "현재 진행 중인 사안이기 때문에 말하기 어렵다"며 구체적 입장을 밝히지 않았다. 한동안 질병청은 항소장을 제출하지 않았고, 피해자와 대리인 등은 "질병청 주장대로 기저질환으로 인해 이상반응이 생기는 것은 타당성이 떨어진다는 걸 (피해자가) 입증해 법원이 받아들인 것이므로 (질병청이) 이를 뒤집기 쉽지 않을 것"이라고 봤다. 질병청이 섣불리 항소장을 제출하지 않을 것이라고 믿었고, 28일 오전 내내 피해자와 유족들 사이에서는 질병청이 항소를 포기했다는 소문이 돌기도 했다.

지난해 11월 아스트라제네카 백신 접종 이후 뇌질환 진단을 받은 30대 남성이 질병청장을 상대로 제기한 예방접종 피해보상 신청 거부 처분 취소 소송에서 법원이 국가 책임을 인정하고 보상해야 한다는 취지의 판결을 하자 질병청은 항소했다가 비난 여론이 일자 취하했다. 이후 질병청은 해당 남성에게 보상이 아닌 지원 정도의 조처를 한 것으로 알려졌다.

하지만 이번에 질병청은 백신 피해자와 가족의 바람과 달리 항소장을 법원에 제출했다. 이에 원고와 대리인은 실망스럽다는 반응을 보였다. 오 씨의 사촌형인 김세호 씨는 "정부가 법원 판단마저 인정하지 않고 끝까지 피해자를 외면하려 하는 것에 실망스럽다"면서 "항소 제출 사유를 봐야 어떻게든 대응 방법을 고민할 수 있을 것 같다"고 말했다. 안 변호사는 "질병청이 추가적으로 증거 자료를 내기가 쉽지 않을 것"이라면서 "항소심 재판과정에서 추가로 제출된 자료가 의미가 없다고 판단되면 재판부가 재판을 기각처리할 수 있다"고 설명했다.

앞서 질병청은 1심 선고일 직전에 "피해자의 백신과 이상반응 간에 인과성을 인정하기에는 자료가 부족하다"는 취지의 국립과학수사연구원 의견서를 법원에 제출했지만 채택되지 않았다. 통상 재판에서 변론 종결 이후 제출되는 증거는 반영되지 않기 때문이다. 안 변호사는 "질병청이 항소심에서 국과수 의견서나 비슷한 자문서를 추가 자료로 제출할 가능성이 있다"면서 "이미 법원이 백신 접종과 이상반응 간 인과성이 없다는 주장의 입증 책임을 정부도 져야 한다고 한 마당에 그런 증거가 반영될지 모르겠다"고 말했다.

코로나19 백신 피해 학생 학부모의 국가배상 집단 소송 첫 변론기일이 열린 지난 13일 서울중앙지방법원 재판정 앞에서 백신 접종 이후 숨진 공호준 군의 어머니(오른쪽 마지막)가 망연자실한 표정으로 서있다.

■피해자·유족 공분... "세금으로 피해자 괴롭히는 정부 공론화 할 것"

이 소식이 알려지자 백신 접종 이후 이상반응을 겪은 피해자와 그 가족은 공분한다. 김두경 코로나19백신피해자가족협의회 회장은 "정부를 믿고 시책에 참여한 국민이 피해를 입고도 구제 못 받아 사법부에 호소해 인정받은 것이다. 그런데도 질병청은 항소로 또다시 피해자와 가족에게

상처를 주려고 한다"고 목소리를 높였다. 그는 이어 "백신 피해를 폭넓게 인정하겠다고 약속한 질병청장이 세금으로 피해자를 상대로 재판을 제기했다"며 "국민의 생명과 재산을 지켜야 할 정부가 끝까지 제역할을 하지 못하고 있는 현실을 정치권과 시민사회에 대대적으로 알려 공론화하겠다"고 다짐했다.

백신 접종 이후 숨진 공호준 군의 어머니는 "백신 피해자들의 아픔을 달래도 모자라는 질병청이 또 다시 이들을 상대로 싸우려 한다는 소식에 화가 났다"면서 "유족 피해자들과 뭉쳐서 다시 무엇이라도 할 것"이라고 말했다. 재판을 제기한 오 씨의 아내 효연 씨는 "피해자의 마음을 살피지 않는 질병청의 태도에 너무 화가 나고 어이가 없다"며 "이제 남편을 보내주나 했더니 또 다시 붙잡게 됐다. 또 긴 시간을 기다리며 싸워야 할 것 같다"고 각오를 다졌다. 통상 항소심 판결이 나올 때까지 항소 제기 이후 1년 넘는 시간이 걸리는 것으로 알려져 있다.

이승륜 기자

아내 서영미의 버킷리스트와 십계명

아직 아무 것도 손에 쥔 것은 없다. 질병관리청의 재심도 결과가 나오지 않았고 행정법원에 제기한 재판도 열리지 않았다. 이 싸움이 언제 끝이 날지는 알 수 없다. 하지만 절벽 같았던 벽이 조금씩 벌어지고 있음을 느낀다.

때론 힘들고 지칠 때도 있다. 그럴 때마다 아내의 체취가 남아있는 기록들을 본다. 아내의 교단일기, 교무수첩을 꺼내 본다. 그러면 나도 모르게 기운이 나곤 한다.

아내는 생전에 죽기 전에 해보고 싶은 것들은 적어두고 하나씩 실천할 계획을 세우곤 했다. 말하자면 아내의 버킷리스트였는데 그중 대부분은 내가 이어가야 할 차례가 된 것이다.

죽기 전에 하나님을 위해서 해보고 싶은 일 10가지

서영미

1. 남편 재창업 도와주기
2. 엄마가 투병생활을 잘 견디며 감사함으로 보낼 수 있도록 돌봐드리기
3. 성지순례 가기
4. 한국어교사 되어 외국인에게 한국어와 복음 전하기
5. 형제들과 화목하기

6. 감사일기 쓰기

7. 자녀들 믿음의 결혼생활 준비하기

8. 과일나무 키우며 생명귀함 배우기

9. 시어머님과 여행가기

10. 건강하게 퇴직하기

11. 수영 배우기

아내의 버킷리스트를 읽을 때마다 유난히 '건강하게 퇴직하기'라는 구절이 목젖에 걸린다. 누군가에게는 너무도 평범하고 소박해서 버킷리스트라고 말하기에도 낯간지러운 일일 터인데 아내 서영미에게는 영원히 이룰 수 없는 꿈이 되어버렸으니 나에게 두고두고 아픈 말로 남게 되었다.

그리고 아내는 크리스천으로서 자신만의 십계명을 만들어 실천하는 삶을 살았다.

나의 믿음 십계명

서영미

1. 세상의 어떤 사람보다, 그 무엇보다 하나님을 더 사랑하며 살겠습니다.

2. 성경말씀을 매일 읽고 암기하겠습니다.

3. 자녀에게 하나님 사랑과 이웃사랑을 늘 강조하겠습니다.

4. 날마다 기도에 힘쓰겠습니다.

5. 형제들과 화목하며 살겠습니다.

6. 하나님께서 기뻐하시는 소박하고 간단한 삶을 살도록 노력하겠습니다.

7. 예수님 닮은 교사로 살겠습니다.

8. 건강하고 당당하게 늘 웃으며 살겠습니다.

9. 걱정과 근심을 하나님께 맡기고 살겠습니다.

10. 하나님께서 주신 말씀대로 나에게 이루어짐을 믿으며 살겠습니다.

아내가 남긴 십계명 또한 나의 몫이 되었다. 나는 아침마다 아내가 남긴 십계명을 되뇌이며 하루를 시작한다. 물론 그대로 실천하고 있지는 못하지만 아내가 준 십계명을 접할 때마다 굳은 믿음과 기운이 샘솟는 기운을 느낄 수 있다.

아내가 그토록 하고 싶었던 10가지, 그리고 실천하고 싶어 했던 십계명. 그것들은 하나씩 해나가다 보면 언젠가 아내의 밝은 미소를 다시 만날 수 있지 않을까.

나는 그 순간을 위해 오늘도 세상 속으로 내달려 나간다.

아름다웠던 사람, 서영미를 위하여.